Michael Laitman

Kabala

Pagrindiniai teiginiai

Laitman
Kabbalah
Publishers

Michael Laitman
BASIC CONCEPTS IN KABBALAH
Expanding your inner vision

Iš anglų kalbos vertė
Asta Čepukaitė
Sofija Tinovskytė

kabbalah.info/lt
info@kabala.lt

Viršelyje panaudotas Rembrandto paveikslo
Susimąstęs filosofas fragmentas.

© Published by Laitman Kabbalah Publishers 2023
ISBN 978-1-77228-155-2

Turinys

Gyvybės medis 4
Autoriaus žodis 6
Įvadas 7
Kabalos suvokimo metodas 13
Kabalos paskirtis 18
Kabalos dovanojimas 21
Tobulumas ir pasaulis 26
Valios laisvė 31
Kabalos esmė ir tikslas 38
Iš baigiamojo žodžio knygai „Zohar" 42
Kabalos kalba 49
Iš „Pratarmės knygai *Zohar*" 54
Iš „Įvado knygai *Zohar* " 62
Iš „Įvado į Mokymą apie dešimt *sfirot*" 87
Kabalos paslapčių atskleidimo sąlygos 92
Pagrindinės kabalistinės sąvokos 95
Dažnai užduodami klausimai 103

Gyvybės medis

Žinok, prieš kūrimo pradžią buvo tik aukščiausia,
viską savimi užpildanti Šviesa,
Ir nebuvo laisvos neužpildytos erdvės –
Vien begalinė, lygi Šviesa, viską savimi užliejusi.
Ir kai nusprendė Jisai sukurti pasaulius ir kūrinius,
                              juose gyvenančius,
Šitaip atskleisdamas tobulybę savo,
Kas buvo priežastis sukurti pasaulius,
Apribojo save Jis taške centriniame savo –
Ir susitraukė Šviesa, ir nutolo,
Palikdama laisvą, niekuo neužpildytą erdvę.
Ir tolygiai Šviesa buvo suspausta apie centrinį tašką,
Taip, kad vieta tuščia formą apskritimo įgavo,
Nes taip buvo susitraukusi Šviesa.
Ir štai šitaip suspaudus
Erdvės, užpildytos Šviesa, centre
Susidarė apvali tuštuma, ir tik tada
Atsirado vieta, kur gali kūriniai ir dariniai egzistuoti.
Ir štai nusitiesė nuo begalinės Šviesos spindulys tiesus,
Iš viršaus žemyn nusileido į tą tuščią erdvę,
Nusitiesė, spinduliu leisdamasi, begalinė Šviesa žemyn,
Ir toje erdvėje tuščioje sukūrė pasaulius absoliučiai visus.
Pirmiau už šiuos pasaulius buvo Begalinis,
Tobulume savo tokiame nuostabiame,
Kad neturi jėgų kūriniai suvokti Jo tobulybės –

Juk negali sukurtas protas Jo pasiekti,
Juk nėra Jam vietos, ribų ir laiko.
Spinduliu nusileido Šviesa
Į pasaulius, esančius juodoje tuščioje erdvėje.
Ir kiekvienas kiekvieno pasaulio ratas ir artimi šviesai – svarbūs,
Kol nerandame centriniame taške pasaulio materijos mūsų,
Viduje apskritimų visų – atsivėrusios tuštumos centre.
Ir taip nutolęs nuo Begalinio – toliau už visus pasaulius,
Ir todėl materialiai taip galutinai žemas –
Juk apskritimų visų viduje yra jis –
Pačiame centre žiojėjančios tuštumos...

Ari, didis XVI amžiaus kabalistas.
Iš knygos „Gyvybės Medis"

Autoriaus žodis

Nors ši knyga gali pasirodyti itin paprasta, tačiau jos paskirtis – suteikti pagrindines žinias apie kabalą. Tiksliau, ši knyga pasitarnaus skaitytojui mokantis teisingai traktuoti kabalistines sąvokas, dvasinius objektus bei dvasinę kalbą.

Kaskart iš naujo skaitydamas šią knygą, žmogus išsiugdo anksčiau neturėtą pastabumą, pojūčius, suvokimą. Šios naujai įgytos įžvalgos yra it juslės, kurios „jaučia" mus supančią erdvę, paslėptą nuo mūsų įprastinių jutimo organų.

Taigi ši knyga skatina apmąstyti dvasines sąvokas. Ir tiek, kiek esame jų dalimi, savo vidiniu matymu galime atverti mus supančias dvasines struktūras lyg išsisklaidžius miglai.

Tačiau šios knygos tikslas nėra studijuoti faktus. Priešingai, tai knyga pradedantiesiems, kurie trokšta pažadinti tokius gilius ir subtilius pojūčius, kokius tik galima patirti.

Michael Laitman

Įvadas

> „Atverkite man širdį
> ir aš atversiu jums pasaulį"
> Knyga „Zohar"

- Kas aš?
- Kam egzistuoju?
- Iš kur mes? Kur einame? Dėl ko čia atsiradome?
- Ar jau buvome šiame pasaulyje?
- Kodėl šiame pasaulyje kenčiame? Ar galima išvengti kančios?
- Kaip įgyti ramybę, pasitenkinimą, laimę?

Daugybė žmonių iš kartos į kartą bando išsiaiškinti šiuos skausmingai mus persekiojančius klausimus. O kad tai vyksta iš kartos į kartą, rodo, jog iki šiol negavome mus tenkinančių atsakymų.

Tyrinėdami gamtą bei visatą atrandame, kad viskas, kas mus supa, egzistuoja ir veikia pagal tikslius, nukreiptus į tikslą dėsnius. Tačiau tyrinėdami save, kūrinijos viršūnę, pastebime, kad žmonija tarsi egzistuoja už šių racionalių dėsnių sistemos.

Pavyzdžiui, matydami, kaip išmintingai gamta sukūrė mūsų kūnus ir kaip tiksliai bei tikslingai funkcionuoja kiekviena mūsų kūno ląstelė, negalime atsakyti į klausimą – o kam jis, visas šis organizmas, egzistuoja?

Visa, kas mus supa, yra susieta priežasties ir pasekmės ryšiais: niekas nesukurta be tikslo; fizinį pasaulį valdo darnūs judėjimo, kaitos, apytakos dėsniai. Tačiau esminis klausimas – kam visa tai, t. y. ne tik mes, bet ir visas supantis pasaulis, egzistuoja – lieka neatsakytas. Ar yra pasaulyje žmogus, kuriam šis klausimas nekilo nors kartą gyvenime?

Egzistuojančios mokslinės teorijos teigia, kad pasaulį valdo nekintami fizikos dėsniai, kurių negalime paveikti. Vienintelis mūsų uždavinys – išmintingai juos panaudojant gerai pragyventi ir paruošti dirvą ateities kartoms. Bet geras gyvenimas neatsakys, kam šios ateities kartos gyvens ar turėtų gyventi.

Žmonijos kilmės klausimas (ar žmonija išsivystė iš paprasčiausių rūšių evoliucijos keliu, ar gyvybė buvo atnešta iš kitų dangaus kūnų) esmės nekeičia. Kiekvieno žmogaus gyvenime yra dvi pagrindinės datos: gimimo ir mirties. Kas įvyksta tarp jų, gali būti nepakartojama ir dėl to neįkainojama. Bet gali būti ir beprasmiška, jei gyvenimo pabaigoje laukia tamsa ir bedugnė.

Kurgi mūsų išmintinga, visažinė, dėsninga, nieko veltui nekurianti gamta? Kiekvienas atomas, kiekviena ląstelė žmogaus organizme turi savo priežastį, savo funkcionavimo tikslą – o visas organizmas? Galbūt egzistuoja mūsų dar neatrasti dėsniai ir tikslai?

Mes galime tyrinėti tai, kas yra žemiau mūsų išsivystymo lygio. Pastebime ir suvokiame negyvosios gamtos, augmenijos ir gyvūnijos egzistavimo prasmę. Tačiau žmogaus egzistavimo prasmės suvokti negalime. Akivaizdu, kad šį žinojimą galime įgyti tik būdami aukštesniame būties lygmenyje.

Pažindami pasaulį apsiribojame jo reakcijų į mūsų poveikius tyrimu. Tyrinėti galime tik savo pačių lygmenyje, ne aukščiau. Ir netgi savo lygyje tyrinėjame pasaulį tam tikru būdu jį veikdami bei išmatuodami jo atsaką į tai. Poveikį pasauliui juntame penkiais jutimo organais: lytėjimu, uosle, rega, klausa, skoniu, arba prietaisais, išplečiančiais juslių diapazoną.

Gaila, bet negalime atpažinti nieko, ko nesuvokia mūsų jutimo organai ir prietaisai. Tarsi daugiau neegzistuotų niekas, tik tai, ką suvokiame. Nors tai, kas atrodo, kad egzistuoja, gyvena tik mūsų pojūčiuose, ir būtybė su kitokiais jutimo organais tuos pačius dalykus jaustų kitaip.

Be to, mums neatrodo, kad trūktų kokių nors juslių, kaip kad žmogui netrūksta šešto rankos piršto. Kaip aklam nuo gimimo žmogui neįmanoma paaiškinti, kas yra rega, taip ir mes, tirdami mums šiandien prieinamais metodais, niekada neatrasime paslėptų gamtos formų.

Kabala teigia, kad egzistuoja dvasinis pasaulis, kurio nepatirsime savo penkiomis juslėmis. O dvasinio pasaulio centre, mažytėje jo dalyje, yra visata ir mūsų planeta, pastarosios širdis. Ši informacijos, minčių bei jausmų sfera veikia mus per materialios gamtos dėsnius ir atsitiktinumus. Tai ji sukuria tam tikras sąlygas mums veikti.

Ne nuo mūsų priklauso, kur, kada, kokiems tėvams, kuo gimti, su kokiais bruožais ir polinkiais. Mes nesirenkame, su kuo susitikti gyvenime ir kokioje aplinkoje augti. Šie veiksniai nulemia visas mūsų reakcijas ir poelgius bei visas jų pasekmes. Tai kurgi mūsų valios laisvė?

Pasak kabalos, yra keturios žinojimo rūšys, kurias gali ir privalo suvokti žmogus:

Kūrimas – pasaulių sukūrimo ir vystymosi pažinimas, kitaip tariant:

- Būdas, kuriuo Kūrėjas nuosekliais apribojimais sukūrė pasaulius ir juose gyvenančius kūrinius.
- Dėsnių tarp dvasinio ir materialaus pasaulio veikimas bei jų pasekmės.
- Žmogaus sukūrimo tikslas – sujungus kūną ir sielą bei juos valdant per gamtą ir atsitiktinumo faktorių, veikiant dviems tarpusavyje subalansuotoms šviesių ir tamsių jėgų sistemoms, – sukurti sistemą su valios laisvės iliuzija.

Funkcionavimas – tai žmogaus esmės, jo tarpusavio ryšių ir sąveikos su dvasiniu pasauliu pažinimas. Funkcionavimas nagrinėja žmogaus atėjimą į šį pasaulį ir pasitraukimą iš jo. Taip pat apima Aukštesniųjų pasaulių reakciją į mūsų pasaulį ir į kiekvieną mūsų asmeniškai, kurią sukelia žmogaus veiksmai. Tiria kiekvieno asmeninį kelią, pradedant pasaulių sukūrimu ir baigiant Aukštesniojo tikslo suvokimu.

Sielų įsikūnijimai – tai kiekvienos sielos esmės ir jos ciklų, taip pat žmogaus veiksmų šiame gyvenime ir jų pasekmių kituose jo gyvenimuose studijavimas. Tiriant sielų įsikūnijimus nagrinėjama, kokiu būdu, dėl kokios priežasties siela nusileidžia į kūną ir nuo ko priklauso, kad tam tikras kūnas priima tam tikrą sielą.

Taip pat nagrinėjama atsitiktinumo paslaptis ir žmonijos istorija, kaip tam tikros sielų tvarkos ir perkėlimų rezultatas. Tiriamas ir per 6000 metų egzistavęs sielos ryšys su bendra pasaulių valdymo sistema, sielos grįžimai į šį pasaulį, gyvenimo ir mirties ciklai – viskas, nuo ko priklauso mūsų kelias šiame pasaulyje.

Valdymas – tai mūsų pasaulio – negyvosios gamtos, augmenijos ir gyvūnijos, jų esmės, vaidmens bei valdymo iš dvasinio pasaulio pažinimas. Studijuojamas valdymas iš Aukščiau ir tai, kaip suvokiame Gamtą, laiką, erdvę. Tiriamos Aukštesniosios jėgos, verčiančios judėti materialius kūnus, bei kokiu būdu viena vidinė jėga stumia visa, kas gyva ir mirę, prie nubrėžto tikslo.

Ar galima išspręsti pagrindinę žmogaus gyvenimo mįslę, nepaliečiant klausimo dėl jo šaltinio? Kiekvienam žmogui kyla šis klausimas. Egzistavimo tikslo ir prasmės klausimai – esminiai žmonijos dvasinio gyvenimo paieškose. Matome, kad nuo XX amžiaus antrosios pusės atgimsta žmonijos dvasingumo siekis.

Techninė pažanga ir pasauliniai kataklizmai, davę pradžią įvairiausioms filosofijoms, nesuteikė žmonijai dvasinio pasitenkinimo. Kabala aiškina, kad iš visų esamų malonumų mūsų pasauliui teko tik viena maža kibirkštėlė. Ir jos buvimas materialiuose objektuose teikia mums mūsų žemiškus malonumus.

Kitaip tariant, visi malonūs, nesvarbu, iš kokių šaltinių, žmogaus gaunami potyriai paaiškinami tik šios kibirkštėlės tuose šaltiniuose buvimu. Gyvenime žmogus priverstas ieškoti vis naujų pasitenkinimo objektų, tikėdamasis patirti vis didesnį malonumą, ir nė neįtardamas, jog visa tai ne kas kita, o apvalkalai.

Kad galėtume pasiekti absoliutų pasitenkinimą, turime pripažinti, jog būtina dvasiškai pakilti virš materijos. Mūsų pasaulyje yra du keliai šiam tikslui pasiekti: dvasinio pakilimo (kabalos) kelias ir kančių kelias.

Kabalos kelias, kai savarankiškai ir savanoriškai suvokiama, kad būtina palaipsniui naikinti egoizmą, ir kai pasitelkiama Aukščiausioji Šviesa, idant egoizmas būtų įsisąmonintas kaip blogis.

Kartais žmonės įsisąmonina blogį gana netikėtai. Gerai apsirūpinęs, ramus pasaulietis staiga pajunta nepakenčiamą nepasitenkinimą: jokios džiaugsmo, susižavėjimo kibirkštėlės, jokio gyvenimo skonio – malonumas išnykta iš kasdienio jo gyvenimo.

Ir mūsų karta materialios gausos akivaizdoje ima jausti dvasinį alkį. Pradedame ieškoti kitų prisipildymo šaltinių, dažnai pasirinkdami ilgą ir sunkų kelią. Valios laisvė – pasirinkti tarp kabalos kelio ir kančių kelio. Galima tik palinkėti žmonėms „pasirinkti gyvenimą", užuot ėjus kančių keliu, kuriuo taip dažnai keliavome praeityje.

I

Kabalos suvokimo metodas

Kabala moko apie priežasties ir pasekmės ryšius dvasiniuose šaltiniuose, kurie nukreipti pagal absoliučius dėsnius į vieną didį tikslą – kad kūriniai, egzistuojantys šiame pasaulyje, suvoktų Kūrėją.

Anot kabalos, visa žmonija, kiekvienas individas turi pasiekti aukščiausią tašką, kad suvoktų kūrimo tikslą bei programą. Kiekvienoje kartoje atsirasdavo asmenybių, kurios savo vidiniu darbu pakildavo į tam tikrą dvasinį lygmenį. Šie žmonės, vadinami kabalistais, užkopė į patį dvasinių kopėčių viršų.

Bet kurį (nuo mikro iki makro pasaulio) materialų daiktą, jo veiksmus valdo dvasinės jėgos, persmelkiančios visą mūsų visatą taip, tarsi ji laikytųsi ant šių jėgų tinklo.

Paimkime, pavyzdžiui, smulkiausią gyvą organizmą, kurio vaidmuo yra pratęsti save ir sukurti palikuonis. Kiek jėgų ir sudėtingų sistemų jame funkcionuoja! O kiek žmogaus akis dar nepastebėjo? Padauginę jas iš gyvenančių ar kada nors egzistavusių organizmų tiek mūsų, tiek dvasiniuose pasauliuose, turėsime tik menką supratimą apie jėgų ir jas valdančių ryšių kiekį...

Dvasines jėgas galima įsivaizduoti kaip dvi tarpusavyje susietas ir tolygias sistemas. Jos skiriasi tik tuo, kad pirmoji atsiranda iš Kūrėjo ir vystosi iš viršaus į apačią per visus pasaulius iki pat mūsų pasaulio, o antroji prasideda mūsų pasaulyje ir kyla iš apačios į viršų pagal dėsnius, jau išvystytus ir veikiančius pirmojoje sistemoje.

Pirmoji sistema kabaloje vadinasi „Pasaulių ir *sfirų* sukūrimo tvarka", antroji – „Suvokimai, arba pranašysčių ir dvasios pakopos". Antroji sistema moko, kad norintieji pasiekti aukščiausiąją pakopą privalo veikti pagal pirmosios sistemos dėsnius, kurie ir yra studijuojami kabaloje. Kai žmogus kyla šiomis pakopomis, antroji sistema gimsta jo viduje. Tai yra dvasinis pasaulis.

Materialus pasaulis kupinas jėgų ir reiškinių, kurių nejaučiame tiesiogiai, tarkim, elektra, magnetinės bangos ir kt., bet jų poveikio pasekmes, jų pavadinimus žino net vaikai. Ir nors mūsų žinios, pavyzdžiui, apie elektrą, yra ribotos, mes išmokome pritaikyti šį reiškinį savo tikslams, ir įvardyti jį mums taip pat natūralu kaip duoną ar cukrų.

Panašiai kaip kabaloje visi vardai tartum duoda realų, objektyvų supratimą apie dvasinį objektą. Kita vertus, kaip nieko nenutuokiame apie dvasinius objektus ar net patį Kūrėją, taip neturime supratimo ir apie bet kokius objektus, net ir tuos, kuriuos galime paliesti, nes mes suvokiame ne patį objektą, bet savo reakciją į jo poveikį mūsų jutimo organams.

Šios reakcijos sukuria pažinimo iliuziją, nors paties daikto esmė lieka visiškai paslėpta. Maža to, net suvokti savęs pačių neturime jokios galimybės. Mūsų žinios apie save apsiriboja mūsų veiksmais ir reakcijomis.

Mokslas, kaip pasaulio tyrinėjimo instrumentas, susideda iš dvejopo pažinimo: materijos savybių ir jos formos. Kitaip tariant, visatoje nėra nieko, kas neturėtų materijos ir formos. Pavyzdžiui, stalas yra materijos ir formos derinys: materija (medis) yra pagrindas, formos (stalo formos) nešėja. Arba, pavyzdžiui, žodis „melagis", kur materija (žmogaus kūnas) yra formos „melas" nešėja.

Mokslo dalis, tyrinėjanti medžiagos savybes, remiasi bandymais bei eksperimentais ir jų pagrindu daro mokslines išvadas. Bet mokslo dalis, nagrinėjanti formas be sąsajos su medžiaga, abstrakčiai atskirdama jas vieną nuo kitos, ir tuo labiau nagrinėjanti tas formas, kurios niekada nebuvo susijusios su medžiaga, negali remtis eksperimentu, nes mūsų pasaulyje forma be materijos neegzistuoja.

Atskirti formą nuo materijos įmanoma tik mūsų vaizduotėje, todėl visos išvados šiuo atveju remsis teorinėmis prielaidomis. Šiai mokslo rūšiai priklauso visa filosofija, ir žmonija dažnai kentėdavo nuo nepagrįstų filosofų išvadų. Dauguma šiuolaikinių mokslininkų atsisakė šio tyrinėjimo kelio, nes išvados yra nepatikimos.

Tyrinėdami dvasinį pasaulį suprantame, jog mūsų suvokimas – tik noras iš Aukščiau, idant jaustumės kaip atskirai egzistuojantis darinys, o ne Kūrėjo dalis. Visas supantis pasaulis yra dvasinių jėgų poveikio mums rezultatas. Būtent dėl to manoma, kad pasaulis aplink mus – iliuzija.

Paaiškinsiu tai alegorija: „Gyveno kartą miestelyje vežikas. Turėjo jis porą arklių, namą, šeimą. Staiga prasidėjo nesėkmės: krito arkliai, mirė žmona ir vaikai, sugriuvo namas. Netrukus iš sielvarto mirė ir jis pats. Ir štai dangiškajame teisme sprendžiama, ką galima duoti tokiai prisikentėjusiai sielai, kad ji būtų laiminga. Galų gale nusprendžiama leisti jam *jaustis* gyvam, tarsi turėtų šeimą, namą, gerus arklius ir būtų patenkintas darbu, gyvenimu."

Šie pojūčiai patiriami taip, kaip kartais sapnas atrodo lyg būtų tikras. Juk tik pojūčiai ir sukuria mus supančio pasaulio vaizdą. Tai kaip galime atskirti iliuzijas nuo realybės?

Kabala, kaip ir visi mokslai, skirstoma į materijos pažinimą ir formos pažinimą. Tačiau ji turi nuostabų ypatumą ir pranašumą: net ta jos dalis, kuri nagrinėja formą be materijos, visiškai remiasi eksperimentine kontrole, t. y. galima patikrinti bandymu!

Kabalistas, pakilęs į nagrinėjamo objekto dvasinį lygį, pats įgyja jo savybes ir tokiu būdu viską suvokia. Jis gali praktiškai operuoti įvairiomis materijos formomis dar iki jų materialaus įsikūnijimo, tarsi stebėtų visas mūsų iliuzijas iš šalies!

Kabala, kaip ir bet koks mokslas, vartoja tam tikrą terminologiją bei simbolius, kad aprašytų veiksmus ir objektus, pvz.: dvasinė jėga, pasaulis, *sfira* – kiekvienam jų duotas tas vardas, kuriuo įvardijamas jų valdomas objektas mūsų pasaulyje.

O kadangi bet kurį materialų objektą ar jėgą atitinka jį valdantis dvasinis objektas arba jėga, sukuriamas visiškai tikslus pavadinimo, paimto iš materialaus pasaulio, ir jo dvasinės šaknies, šaltinio atitikmuo.

Todėl suteikti vardą dvasiniam objektui gali tik kabalistas, tvirtai žinantis, kaip dvasinės jėgos atitinka tam tikrus materialius objektus, t. y. pats pasiekęs šio dvasinio objekto dvasinį lygį ir dėl to matantis jo įtakos mūsų pasaulyje pasekmę.

Kabalistai rašo knygas ir perduoda žinias „šakų kalba". Ši kalba yra nepaprastai tiksli todėl, kad remiasi ryšiu tarp dvasinės šaknies ir materialios šakos. Ji negali kisti, nes daikto ir jo dvasinės šaknies ryšys nesikeičia. Tuo tarpu mūsų žemiška kalba pamažu netenka tikslumo, nes yra susijusi tik su šaka, bet ne su šaknimi.

Bet vien formalaus kalbos žinojimo nepakanka – juk vien materialaus objekto pavadinimo žinojimas nieko nesako apie jo dvasinę formą. Tik žinant dvasinę formą galima pamatyti jos materialią pasekmę, šaką.

Iš to galime daryti išvadą, jog pirmiausia reikia suvokti dvasinę šaknį, jos prigimtį bei savybes ir tik po to perei-ti prie jos šakos šiame pasaulyje ir tyrinėti jų tarpusavio ryšį. Tik tada žmogus supranta „šakų kalbą" ir tai palengvina tikslų keitimąsi dvasine informacija.

Galbūt paklausite, kaip pradedantysis gali įvaldyti šį mokslą, jeigu nesugeba teisingai suprasti Mokytojo? Atsakymas paprastas: stipriai trokšdamas dvasingumo studijuojantysis randa teisingą kelią ir pajaučia Aukštesniuosius pasaulius. Tai įmanoma studijuojant autentiškus šaltinius, taip pat atsiribojant nuo bet kokių materialių ritualų.

II

Kabalos paskirtis

Kabalistai tvirtina, kad Kūrimo tikslas – suteikti kūriniams džiaugsmą ir malonumą. Noras mėgautis (indas arba siela) gauna malonumą priklausomai nuo savo noro stiprumo.

Todėl visa, kas buvo sukurta visuose pasauliuose, tėra kintantis malonumo troškimas, ir Kūrėjas šį troškimą patenkina. Šis noras patirti malonumą sudaro kūriniją (tiek dvasinę, tiek fizinę), ir egzistuojančią dabar, ir pasireikšiančią ateityje.

Materija savo rūšių ir formų gausa (mineralai, augalai, spalvos, garsai ir t. t.) yra tik skirtingi noro mėgautis kiekiai. Šviesa, sklindanti iš Kūrėjo, suteikia gyvastį ir pripildo materiją. Iš pradžių ir malonumo troškimas (vadinamas „indu"), ir noras suteikti malonumą (vadinamas „Šviesa") savo dydžiu atitiko vienas kitą, t. y. indas (malonumo troškimas) gaudavo maksimalų malonumą.

Bet mažėjant troškimui, jie abu (indas ir jį pripildanti Šviesa) palaipsniui susitraukdami tolo nuo Kūrėjo, kol pasiekė žemiausią lygį, kur malonumo troškimas galiausiai materializavosi.

Skirtumas tarp Aukštesniųjų pasaulių ir mūsų pasaulio tik tas, kad mūsų pasaulyje indas, t. y. troškimas gauti malonumą, yra pačioje žemiausioje savo pakopoje, kuri vadinama „materialiu kūnu".

Prieš materializuodamasis indas pereina 4 stadijas, skirstomas į 10 *sfirų* (pakopų): *Keter, Chochma, Bina, Chesed, Gvura, Tiferet, Necah, Hod, Jesod ir Malchut*. Šios sfiros yra filtrai, sulaikantys Šviesą, einančią nuo Kūrėjo kūrinių link. Filtrų užduotis – susilpninti Šviesą taip, kad gyvenantieji mūsų pasaulyje galėtų ją priimti.

Sfira Keter taip pat vadinama pasauliu *Adam Kadmon*, sfira *Chochma* – pasauliu *Acilut*, sfira *Bina* – pasauliu *Brija*, sfiros nuo *Chesed* iki *Jesod* sudaro pasaulį *Jecira*, o *sfira Malchut* – pasaulį *Asija*, kurio paskutinė pakopa ir yra mūsų visata.

Keter	– Adam Kadmon
Chochma	– Acilut
Bina	– Brija
Chesed	
Gvura	
Tiferet	– Jecira
Necah	
Hod	
Jesod	
Aukštesnioji Malchut	– Asija
Žemesnioji Malchut	– Mūsų visata

Kabaloje šis lygmuo vadinamas *ha olam ha ze* (šis pasaulis). Jį suvokia tie, kurie jame egzistuoja, o indas, arba noras mėgautis, vadinamas „kūnu". Šviesa, įvardijama „malonumu", juntama kaip gyvybinė jėga.

Ir nors kūne esanti Šviesa sumažinta tiek, kad nejaučiame jos šaltinio, tačiau laikydamiesi tam tikrų Kūrėjo duotų ir kabaloje išdėstytų taisyklių, apsivalydami nuo savojo egoizmo pamažu kylame per visus pasaulius atgal į Šaltinį.

Suvokdami vis aukštesnes dvasines pakopas gauname ir didesnes Šviesos porcijas, kol pasiekiame tokias pakopas, kuriose galime gauti visą Šviesą (absoliutų, begalinį malonumą), skirtą mums dar nuo kūrimo pradžios.

Kiekvieną sielą supa dvasinė Šviesa. Pradedantieji studijuoti kabalą, nors ir nesupranta to, ką mokosi iš autentiškų šaltinių, bet nepaprastai trokšdami suprasti sužadina juos supančią Aukštesniąją jėgą, kurios spinduliavimas juos išgrynina ir taip pakylėja.

Kiekvienas žmogus, jei ne šiame gyvenime, tai kitame, suvoks būtinybę studijuoti kabalą ir gauti žinių apie Kūrėją.

Šviesa supa žmogaus sielą iš išorės, kol šis nepasiekia tokio dvasinio lygio, kai šviesa ima skverbtis į vidų. Ar pateks ji į vidų – priklauso tik nuo paties žmogaus troškimo ir pasirengimo, nuo jo sielos tyrumo.

Bet mokymosi metu tardamas susijusių su jo siela *sfirų*, pasaulių ir dvasinių veiksmų vardus, žmogus iš išorės gauna Šviesos mikro porcijas, ir ši Šviesa laipsniškai apvalo bei paruošia sielą gauti dvasinę energiją ir malonumą.

III

Kabalos dovanojimas

Didis išminčius Akiva (I a.) pasakė: „Mylėk artimą kaip save. Tai visa apimanti dvasinių dėsnių taisyklė."

Kaip žinia, sąvoka „visa apimanti" nurodo jos sudedamųjų dalių sumą. Todėl, kai kabalistas Akiva kalba apie meilę artimui (vieną iš daugelio dvasinių dėsnių), apie mūsų pareigas visuomenei ir net Kūrėjui kaip apie bendrą taisyklę, jis turi galvoje, kad visi kiti dėsniai yra tik šio dėsnio sudedamosios dalys.

Tačiau bandydami šitai paaiškinti, susiduriame su dar keistesniu senovės išminčiaus Hilelio pasakymu, kuris į mokinio prašymą „Išmokyk mane kabalos išminties, kol aš stoviu ant vienos kojos" atsakė: „Visko, ko nekenti pats, nedaryk ir kitiems!"

Iš Hilelio atsakymo matyti, kad kabalos egzistavimo tikslas, net veikiau priežastis, yra paaiškinti ir įgyvendinti vienintelį dėsnį: „Mylėk artimą kaip save". Bet kaip aš galiu mylėti kitą kaip save? Tai reikštų, kad teks nuolat pildyti kiekvieno žmogaus visus norus, kada net savo norų nespėju tenkinti! Maža to, išminčiai aiškina, kad kito poreikius turiu patenkinti *pirmiau* nei savuosius.

Pavyzdžiui, yra pasakyta, kad jeigu teturi vieną pagalvę, privalai ją atiduoti savo artimui, arba jei turi vieną kėdę, tai privalai pasodinti ant jos kitą, o pats stovėti arba atsisėsti ant žemės, – kitaip nesilaikysi meilės artimui taisyklės. Ar apskritai įmanoma įvykdyti šį reikalavimą? Kadangi „mylėk artimą kaip save" yra visa apimanti kabalos taisyklė, išsiaiškinkime, kas yra pati kabala.

Kabala teigia, kad šis pasaulis ir mes, jo gyventojai, buvome sukurti tik tam, kad būtų vykdomi dėsniai, kurių tikslas – dvasinis žmonijos išsivystymas pakylant virš mūsų materialaus pasaulio, idant prilygtume Kūrėjui ir susijungtume su Juo.

Bet kam Kūrėjui prisireikė sukurti mus tokius ydingus ir paskui duoti kabalą mums išsitaisyti? Knyga „Zohar" į tai atsako: „Kas valgo svetimą duoną, gėdijasi žiūrėti į akis duodančiajam."

Taigi šis pasaulis sukurtas vaduojant mus nuo gėdos. Kovodami su savo egoizmu ir jį taisydami užsidirbame būsimą pasaulį.

Aiškindamiesi įsivaizduokime tokią situaciją: turtuolis po ilgo išsiskyrimo sutikęs vargšą draugą parsiveda jį į namus, maitina, girdo, rengia – ir taip diena iš dienos. Kartą, tikėdamasis dar kaip nors pamaloninti savo draugą ir paklausęs, kuo dar galėtų pasitarnauti, sulaukia atsakymo: „Tik vieno norėčiau – to, ką dabar gaunu iš gailesčio, pasiekti savo darbu. Tu gali išpildyti visus mano prašymus, tik ne šį!"

Iš tikrųjų duodantysis negali gaunančiojo išvaduoti nuo gėdos jausmo. Negana to, kuo daugiau malonių vargšas sulaukia, tuo labiau gėdijasi. Gelbėjant mus nuo šio jausmo, sukurta visata, mūsų maža planeta ir žmonių visuomenė (mūsų darbo vieta). Mūsų darbas – grįžti pas Kūrėją su ištaisytais troškimais ir gauti dorai uždirbtą atlygį: milžinišką amžinybės, tobulumo, susiliejimo su Kūrėju malonumą.

Kodėl patiriame gėdą ir nepatogumą, ką nors gaudami iš aplinkinių? Mokslininkai žino priežasties ir pasekmės dėsnį, kuris teigia, kad kiekviena pasekmė pagal pobūdį artima savo priežasčiai ar šaltiniui ir visi dėsniai, veikiantys šaltinyje, perduodami pasekmei.

Šio dėsnio veikimas išryškėja visuose mus supančios gamtos lygiuose: negyvosios, augmenijos, gyvūnijos ir žmogaus. Kiekvieno minerolo būsena nulemta jį valdančių dėsnių. Žmogus yra pripratęs ir teikia pirmenybę tam, ką patyrė augdamas. Lygiai taip ir kiekviena pasekmę sudaranti dalelė yra traukiama į šaltinį, o to, ko nėra šaknyje, – pasekmė nemėgsta ir paneigia.

Atitinkamai, kadangi gamtos Kūrėjas yra Šaknis ir viso, kas sukurta, Šaltinis, visus Jame veikiančius dėsnius jaučiame kaip malonius, o to, ko Jame nėra, – kaip visiškai svetimus ir atstumiančius. Pavyzdžiui, mes mėgstame ramybę ir nekenčiame judėjimo tiek, kad judame tik tam, idant pasiektume ramybę, nes Šaknis (Kūrėjas), iš kurios kilome, yra absoliučioje ramybėje. Todėl bet koks judėjimas yra priešingas mūsų prigimčiai.

Mes gimstame visiški egoistai ir augame rūpindamiesi tik savimi. Būtent egoistinė prigimtis daro mus priešingus Kūrėjui, kuris visai gamtai teikia gyvybę. Tačiau augantį žmogų veikia supanti visuomenė, ir jis pradeda suprasti, kad būtina tarpusavio pagalba, nors jos dydis ir kryptis priklauso nuo visuomenės išsivystymo.

Sukūręs mūsų blogąjį pradą ir kaip atsvarą jam įteikęs kabalą, Kūrėjas davė mums galimybę išnaikinti egoizmo pasireiškimą ir patirti malonumą be gėdos.

Kabaloje yra dviejų rūšių taisyklės: žmogaus pareigos kitiems žmonėms ir žmogaus pareigos Kūrėjui. Tačiau jų tikslas tas pats – kad žmogus prilygtų Kūrėjui. Ir žmogui visiškai nesvarbu, dėl ko jis veikia, – dėl Kūrėjo ar dėl kitų žmonių, kadangi to, kas išeina už jo asmeninių interesų ribos, jis visiškai nejaučia.

Kiekvieną judesį, atliktą dėl kito, galų gale atliekame dėl savęs. Ir visiškai neįmanoma be jokio atlygio padaryti nė menkiausio fizinio ar protinio judesio, prieš tai nesitikint gauti iš poelgio bent kokios naudos. Šis gamtos dėsnis yra žinomas kaip „absoliutus egoizmas". Tik laikantis dvasinių dėsnių įmanoma pasiekti nesavanaudiškos meilės kitiems būseną. Nepaisantieji šių taisyklių negali peržengti „absoliutaus egoizmo" ribų.

Pasak kabalos, visuomenės santykių taisyklės svarbesnės negu ryšio su Kūrėju, nes nuolatinė galimybė laikytis jų skirtingose situacijose leidžia mums efektyviai taisytis tinkama kryptimi.

Dabar galime suprasti Hilelio atsakymą mokiniui, jog svarbiausia – meilė kitiems, o visos kitos taisyklės yra tik pagalbinės, tarp jų ir apibūdinančios santykius su Kūrėju. Tiesą pasakius, neįmanoma su Juo susilieti, prieš tai nepamilus artimo. Todėl senovės išminčius meilę artimui nurodė kaip patį tikriausią ir greičiausią būdą įvaldyti kabalą.

O dabar įsivaizduokite, pavyzdžiui, daugiamilijoninę tautą, kurios kiekvienas narys visa širdimi, besąlygiškai siekia visiems padėti ir patenkinti kiekvieno poreikius. Akivaizdu, kad tokiu atveju nė vienam piliečiui nėra reikalo rūpintis pačiu savimi ir nekyla baimė dėl savos ateities – juk milijonai mylinčių žmonių be perstojo gina jo interesus ir juo rūpinasi.

Tačiau kadangi tauta priklauso nuo jos narių, tai kas nors nesilaikydamas įsipareigojimų sukurs visuomenėje vakuumą, nes kažkas liks be pagalbos. Kuo daugiau nesilaikančiųjų, tuo labiau pažeidžiama taisyklė, kurios privalu laikytis visiems visuomenės nariams. Juk visi vienas už kitą atsakingi – tiek už taisyklių laikymąsi, tiek ir už jų laužymą.

Kitas senovės išminčius Eleazaras, knygos „Zohar" autoriaus Rašbi sūnus, dar labiau mus stebina: jis sako, kad ne tik kiekviena tauta, bet ir visa žmonija, kiekviena gyva būtybė, atsakingi vieni už kitus. Išminčius tvirtina, jog visos tautos bus priverstos laikytis šios taisyklės, ir taip bus ištaisytas visas pasaulis. Pasaulis neišsitaisys ir nepakils, jei visi nesilaikys šio visa apimančio visatos dėsnio.

IV

Tobulumas ir pasaulis

Kaip jau žinome, Kūrėjo dėsnių esmė yra meilė, toks pat maksimalus dėmesys ir užuojauta visiems visuomenės nariams, kaip ir sau. Pamėginkime išsiaiškinti, ar tiktai tikime tuo Kūrėjo dėsniu (priesaku), ar čia galimas ir praktinis patyrimas.

Manau, skaitytojas supras, kodėl aš nemėgstu tuščios filosofijos, – juk remiantis klaidingomis išvadomis kuriamos ištisos konstrukcijos ir daromos nepagrįstos išvados. Mūsų karta matė daug tokių filosofijų įgyvendinimo atvejų. Kai teorinės prielaidos, pritaikytos praktikoje, pasirodo esančios klaidingos, griūva visa teorija, ir kartais dėl to kenčia milijonai žmonių.

Ar galima tyrinėjant pasaulį, jo dėsnius ir remiantis praktiniais duomenimis suvokti būtinybę vykdyti Kūrėjo reikalavimus? Kai stebime gamtoje egzistuojančią tvarką, mus stulbina tiek mikro, tiek makro pasaulių valdymo tikslumas. Paimkime pavyzdžiu tai, kas mums artimiausia, – žmogų. Tėvo ląstelė, patekusi į patikimą, paruoštą vietą motinos kūne, aprūpinama ten viskuo, kas būtina vystymuisi ir atsiradimui pasaulyje. Kol ji nepradeda egzistuoti kaip atskiras organizmas, niekas iš išorės jai negali pakenkti.

O kai atsiskiria, gamta pažadina tėvams būtinus jausmus taip, kad vaikas yra absoliučiai tikras dėl aplinkinių meilės ir rūpinimosi juo. Ne tik žmogus, bet ir gyvūnai, augalai dauginasi bei rūpinasi atžalų vystymusi.

Tačiau į akis krinta ryški prieštara tarp gamtos rūpinimosi, kad pasaulyje atsirastų bei savarankiškai formuotųsi rūšis, ir to, jog vėliau ji yra priversta kovoti už būvį. Šis sukrečiantis pasaulio valdymo prieštaravimas, egzistuojantis visuose gyvybės lygmenyse, dar nuo senų laikų domino žmones ir paskatino sukurti keletą teorijų:

Evoliucija. Ši teorija nemato būtinumo išspręsti minėtą prieštaravimą. Kūrėjas sukūrė pasaulį ir viską valdo. Jis nejaučia, nemąsto ir rūšį kuria pagal fizikos dėsnius. Sukurta rūšis evoliucionuoja pagal žiaurius išgyvenimo dėsnius. Ši teorija Kūrėją vadina „gamta", taip pabrėždama jo bejausmiškumą.

Dualizmas. Kadangi nepaprasta gamtos išmintis daug kartų viršija žmogaus galimybes, tai būtų neįmanoma numatyti ir programuoti būsimų organizmų, jei neegzistuotų grįžtamasis ryšys. Duodantysis (gamta) turėtų turėti protą, atmintį, jausmus. Juk žmogus negali teigti, kad visuose gamtos lygiuose viešpatauja vien atsitiktinumas.

Ir todėl prieita prie išvados, kad egzistuoja dvi jėgos – teigiama ir neigiama, turinčios protą bei jausmus ir todėl galinčios apdovanoti jais visa, ką sukuria. Iš šios teorijos išsirutuliojo dar keletas.

Politeizmas. Analizuojant gamtos veiksmus ir skirstant jos jėgas pagal jų pobūdį, atsirado religijos (kaip senovės graikų) su daugybe dievų, kurių kiekvienas yra valdomas tam tikros jėgos.

Valdymo nebuvimas. Pastaruoju metu, atsiradus tiksliems prietaisams ir naujiems mokslinio tyrimo metodams, tyrinėtojai nustatė glaudų ryšį tarp visų pasaulio dalių ir todėl atmetė „daugybės jėgų" teoriją; taip susiformavo prielaida apie vieną išmintingai vadovaujančią pasaulio jėgą. Tačiau dėl savo menkumo šios didingos jėgos atžvilgiu mes esame palikti be priežiūros.

Deja, žmonija kenčia toliau, nors egzistuoja daugybė teorijų apie pasaulio sukūrimą ir valdymą. Ir žmogus nesupranta, kodėl gamta taip rūpestingai jį saugojo motinos įsčiose, ankstyvoje vaikystėje ir kodėl esti tokia negailestinga, kai jam, suaugusiam, atrodytų, dar labiau reikalinga jos globa... O gal mes patys esame gamtos žiaurumo pasauliui priežastis?

Visi gamtos veiksmai yra tarpusavy susiję, todėl pažeisdami vieną iš jos dėsnių išbalansuojame visą sistemą, ir visiškai nesvarbu, ar kalbame apie gamtą kaip apie bejausmį, betikslį vadovą, ar kaip apie Kūrėją, turintį planą, tikslą ir išmintį. Mes egzistuojame tam tikrų dėsnių pasaulyje ir pažeisdami juos kaip bausmę gauname sugadintą aplinką, visuomenę ir save pačius. Be to, kadangi gamtos dėsniai tarpusavyje susiję, mes, pažeisdami vieną iš jų, kartkartėmis gauname netikėtą, žiaurų smūgį iš kitos pusės.

Gamta, arba Kūrėjas, kas iš principo nesvarbu, veikia mus per tam tikrus dėsnius, ir mums būtina jų laikytis kaip objektyvių bei privalomų. Mums svarbu suprasti gamtos dėsnius, nes jų nesilaikymas yra visų mūsų nelaimių priežastis.

Kiekvienam aišku, kad žmogus yra socialinė būtybė, kad negalime išgyventi be aplinkinių pagalbos. Akivaizdu, jog kad norėdamas atsiskirti nuo visuomenės žmogus pasmerktų save gyventi pilną kančių gyvenimą, nes negalėtų apsirūpinti viskuo, kas būtina.

Būtent gamta įpareigoja žmogų gyventi tarp panašių į save ir bendraujant su jais atlikti dvi operacijas – „gauti" iš visuomenės tai, kas jam būtina, ir savo ruožtu „duoti", „aprūpinti" visuomenę savo darbo produktu. Pažeidus vieną iš šių dviejų taisyklių sugriaunama pusiausvyra ir užsitraukiama visuomenės bausmė.

Už pernelyg didelį gavimą (pavyzdžiui, vagystę) visuomenė baudžia nedelsdama. Už atsisakymą tarnauti visuomenei paprastai apskritai nėra baudžiama arba bausmė tiesiogiai nepriklauso nuo pažeidimo. Todėl reikalavimo tarnauti visuomenei dažniausiai nėra laikomasi. Tačiau gamta veikia it nešališkas teisėjas ir baudžia žmoniją pagal jos išsivystymą.

Anot kabalos, kartų kaita pasaulyje tėra kūnų atsiradimas ir išnykimas, tuo tarpu siela, užpildanti žmogaus „Aš", neišnyksta, o tik keičia nešėją. Tiksliai apibrėžto sielų skaičiaus sugrįžimai, jų nusileidimas į mūsų pasaulį ir apsivilkimas naujais kūnais, sukuria naujas žmonių kartas. Sielų atžvilgiu visos kartos, nuo pirmos iki paskutinės, laikomos viena karta. Ir nesvarbu, kiek sykių kiekviena siela persikūnija į skirtingus kūnus, kadangi kūno mirtis nedaro įtakos sielai, kuri yra aukštesnio lygio materija, visai kaip plaukų ar nagų nukirpimas neveikia organizmo.

Sukūręs pasaulius ir atidavęs juos mums, Kūrėjas nubrėžė tikslą – pasiekti Jo lygmenį ir susilieti su Juo kylant sukurtais pasauliais. Bet ar privalo žmonija vykdyti Jo valią?

Kabala atskleidžia visiškai užbaigtą Kūrėjo valdžios mums paveikslą. Todėl savo noru ar kentėdami, šiame ar kitame gyvenime, veikiami fizinių, socialinių, ekonominių veiksnių kiekvienas iš mūsų, visa žmonija, bus priversti priimti Kūrimo sumanymą kaip savo gyvenimo tikslą.

Pabaigoje visi pasieks vieną tikslą. Skiriasi tik kelias – savo noru, sąmoningai į šį tikslą einantis žmogus laimi dvigubai: užuot kentėjęs, sutrumpina laiką ir patiria malonumą susiliedamas su Kūrėju.

Blogiausia yra tai, kad žmonija neįsivaizduoja, kokios nelaimės dar laukia priešakyje. Tikslas iškeltas, o gamtos dėsniai nesikeičia. Ir asmeninės, kasdienės kančios, ir pasikartojančios globalios katastrofos verčia kiekvieną iš mūsų suvokti Kūrėjo dėsnių laikymosi būtinumą: anuliuoti egoizmą, pavydą ir ugdyti užuojautą, tarpusavio pagalbą, meilę.

V

Valios laisvė

Laisvės supratimas lemia visą žmogaus gyvenimą. Gyvūnai nelaisvėje paprastai nyksta, tai liudija, kad gamta nesutinka su jokia vergove. Neatsitiktinai per pastaruosius šimtmečius žmonija praliejo daug kraujo, kovodama už sąlyginę laisvę.

Vis dėlto mes gana miglotai įsivaizduojame laisvę ir nepriklausomybę, nes manome, jog kiekvienas iš mūsų turi vidinį jų poreikį ir kad panorėję ta laisve ir nepriklausomybe galėsime pasinaudoti. Tačiau geriau įsižiūrėję į savo veiksmus suprasime, kad jie yra neišvengiami ir kad mes neturime jokios valios laisvės.

Paaiškinsime šį teiginį: išoriškai žmogus valdomas dvejopai – malonumu arba skausmu (laime arba kančia).

Gyvūnai negali laisvai rinktis. Žmogus pranašesnis už gyvūną tuo, kad sąmoningai gali iškęsti skausmą, žinodamas, jog ateityje jo laukia malonumas. Pavyzdžiui, ligonis sutinka iškęsti skausmingą operaciją, žinodamas, kad jo savijauta pagerės.

Tačiau šis pasirinkimas yra pragmatiškas išskaičiavimas, lyginant laukiamą malonumą su dabartinėmis kančiomis. Kitaip tariant, paprastu aritmetiniu veiksmu iš būsimo malonumo dydžio atimamas kančios dydis ir jų skirtumas diktuoja žmogui pasirinkimą. Ir jeigu gautas malonumas mažesnis už lauktąjį – žmogus kenčia, užuot džiaugęsis.

Jėga, traukianti į malonumą ir stumianti nuo kančios, vadovauja žmogui, gyvūnams ir netgi augalams. Jai paklūsta visos gyvos būtybės visose gyvenimo stadijose ir lygiuose, todėl tarp jų nėra skirtumo – valios laisvė nepriklauso nuo proto.

Maža to, netgi malonumo pobūdžio pasirinkimas nėra laisvas, jį lemia visuomenės normos ir skoniai. Iš to išplaukia, kad nėra visiškai nepriklausomo individo, kuris turėtų asmeninę veiksmų laisvę.

Žmonės, tikintys valdymu iš Aukščiau, tikisi atpildo arba bausmės būsimame pasaulyje, o ateistai – šiame. Kadangi jie už savo veiksmus laukia atlygio arba bausmės, tai mano turį pasirinkimo laisvę.

Šio reiškinio šaknis yra priežasties ir pasekmės dėsnis, veikiantis visą gamtą ir kiekvieną žmogų atskirai. Kitaip tariant, kiekvieną iš keturių kūrinijos formų – negyvąją gamtą, augmeniją, gyvūniją, žmogų – be perstojo veikia priežastingumo ir tikslo dėsnis. Kiekviena jų būsena yra nulemta išorinių priežasčių poveikio į pačių pasirinktą, bet iš anksto nubrėžtą tikslą – būsimą būseną.

Bet kuris pasaulio objektas nuolat vystosi. Kitaip tariant, nuolatos palieka senas formas ir įgyja naujas, veikiamas keturių veiksnių:

1. Kilmės;
2. Vystymosi, kurį lemia objekto prigimtis ir kuris dėl to nesikeičia;
3. Vystymosi, kuris kinta veikiamas išorinių faktorių;
4. Išorinių faktorių vystymosi ir kaitos.

Pirmasis faktorius – kilmė, arba pirminė materija, jos ankstesnė forma. Kadangi kiekvienas objektas nuolat keičia savo formą, tai kiekviena jo forma kitos atžvilgiu yra pirminė. Jos vidinės savybės, priklausančios tik nuo kilmės, diktuoja kitą formą ir yra pagrindinis veiksnys, asmeninė informacija, genas, savybė.

Antrasis faktorius – priežasties ir pasekmės vystymosi tvarka, priklausanti nuo objekto kilmės. Ši tvarka nesikeičia: pavyzdžiui, kviečio grūdas sudygsta dirvoje ir atsiranda daigas – grūdas neteko savo formos, t. y. visiškai išnyko ir įgijo naują daigo pavidalo formą, kuri savo ruožtu įgis naują formą pirmosios pavidalu – kviečio grūdo, nes tokia yra jo prigimtis. Keičiasi tik grūdų kiekis ir galbūt kokybė (dydis, skonis). Kitaip tariant, priežasties ir pasekmės tvarka galioja tuomet, kai viskas priklauso tik nuo objekto kilmės.

Trečiasis faktorius – tos pirminės materijos dalies, kuri keičia savo savybes priklausomai nuo sąlyčio su išorinėmis jėgomis, priežasties ir pasekmės ryšys. Kaip pasekmė keičiasi grūdo kiekis ir kokybė, nes atsirado papildomi veiksniai (dirva, vanduo, saulė) ir papildė pirminės materijos savybes.

Tačiau kilmės jėga turi didesnę reikšmę negu papildomi veiksniai, pokyčiai gali sąlygoti grūdo kokybę, bet ne pačią rūšį: kviečio grūdas nevirs miežiu. Taigi trečiasis faktorius, kaip ir antrasis, yra vidinis objekto faktorius, bet, skirtingai nei antrasis, keičia kiekybę ir kokybę.

Ketvirtasis faktorius – išorėje veikiančių jėgų priežasties ir pasekmės ryšys, pavyzdžiui, atsitiktinumas, stichija, kaimynai. Paprastai šie keturi veiksniai kartu veikia bet kurį individualų objektą.

Pirmasis faktorius (kilmė) mums yra pats svarbiausias, kadangi esame savo tėvų kūriniai. Kaip jų atžalos, tam tikra prasme esame tėvų kopijos, t. y. beveik visos tėvų bei senelių savybės ir bruožai atsikartoja jų vaikuose. Protėvių supratimas ir žinios atsiskleidžia kaip palikuonių įpročiai, savybės – net ir nesąmoningai. Paveldėtos paslėptos dvasinės jėgos daro įtaką visiems naujosios kartos poelgiams ir yra perduodamos iš kartos į kartą.

Iš to kyla įvairiausi žmonių siekiai: tikėjimo, kritinio požiūrio į pasaulį, materialios gerovės, dvasinių ieškojimų, godumo, kuklumo ir kt. Visa tai nėra įgytos savybės, veikiau artimų ir tolimų protėvių palikimas, įrašytas tam tikrose palikuonių smegenų srityse.

Kadangi automatiškai paveldime protėvių savybes, jos primena žemėje praradusį formą grūdą. Visgi dalis mums perduotų savybių atsiskleidžia mumyse atvirkščiai, priešingai.

Kadangi pirminė materija pasireiškia kaip jėgos be išorinės formos, tai ji gali turėti ir teigiamų, ir neigiamų savybių.

Kiti trys veiksniai taip pat daro mums įtaką. Priežasčių ir jų pasekmių seka, kylanti iš pačios žmogaus kilmės (antrasis faktorius), nesikeičia. Veikiamas aplinkos grūdas dygsta, palaipsniui keisdamas formą, kol naujas grūdas visiškai subręsta, t. y. pirmasis faktorius įgyja pirminės materijos formą, bet skiriasi kiekybe ir kokybe.

Gimęs žmogus nori nenori yra veikiamas visuomenės ir perima jos būdą bei savybes: paveldėti polinkiai modifikuojasi veikiami visuomenės.

Trečiasis faktorius, veikiantis pirminę medžiagą, kilmę, geną, atsiranda dėl supančios visuomenės poveikio. Visi žinome, kaip kartais veikiant visuomenei gali kisti skoniai ir pažiūros. Šito negali būti negyvojoje gamtoje, augmenijoje ar gyvūnijoje – tai būdinga tik žmogui.

Ketvirtasis faktorius – tiesioginis ar netiesioginis neigiamų išorės faktorių, nesusijusių su pirminės medžiagos vystymosi nuoseklia tvarka (pavyzdžiui, sunkumai, nerimas), poveikis.

Visos mūsų mintys ir veiksmai priklauso nuo šių keturių faktorių ir diktuoja mums gyvenimo būdą. Mes tartum molis skulptoriaus rankose priklausome nuo šių keturių faktorių. Norų laisvės nėra, viskas priklauso tik nuo šių keturių faktorių tarpusavio sąveikos, ir neįmanoma jokia kontrolė. Nė viena mokslinė teorija nepaaiškina, kaip dvasinis pradas iš vidaus valdo materiją, kas ir kur tarpininkauja tarp kūno ir sielos.

Kabala sako, kad viską, kas sukurta visuose pasauliuose, sudaro tik Šviesa ir indas, kurį Ji užpildo. Vienintelis kūrinys yra indas, trokštantis gauti Šviesą, išeinančią tiesiai iš Kūrėjo. Šis troškimas gauti Šviesą, kuri indui teikia gyvenimą ir malonumą, yra tiek dvasinė, tiek kūniška substancija ir priklauso nuo troškimo dydžio.

Visų kūrinių prigimtis, kokybė ir kiekybė skiriasi tik jų troškimo dydžiu, priklausomai nuo jo troškimas pripildomas Šviesos, ateinančios iš Kūrėjo ir suteikiančios gyvenimą.

Visa, kas skiria vieną objektą nuo kito: spalvų, materijos, bangų ar kiti skirtumai, priklauso nuo troškimo gauti didumo ir todėl taip pat nuo jį užpildančios Šviesos kiekio. Vieno dydžio troškimas pasireiškia mineralo forma, kito – skysčio, spalvos, bangos forma. Viskas priklauso nuo to, kurioje skalės vietoje yra troškimas priimti spinduliavimą iš Aukščiau. Pati Šviesa, kuri supa mus ir visus pasaulius, yra lygi ir nekintanti.

Dabar galime išsiaiškinti klausimą dėl asmens laisvės. Kadangi aišku, jog asmuo yra tam tikro dydžio troškimas gauti Kūrėjo Šviesą, ir visi jam būdingi bruožai priklauso vien nuo šio troškimo dydžio, nuo jėgos pritraukti Šviesą.

Traukos jėgą paprastai vadiname egoizmu, ji verčia mus kovoti už savo būvį. Jei užmušame kokį nors žmogaus egoistinį troškimą, gyvenimo siekį, atimame iš jo teisę panaudoti savo potencialų „indą", pripildyti jį, o tai Kūrėjo jam suteikta teisė.

Visas savo idėjas įgyjame veikiami mus supančios aplinkos – tarkim, grūdas auga tik žemėje, jam tinkamoje aplinkoje. Todėl viena, ką galime rinktis gyvenime, – tai visuomenė ir draugai. Keisdami supančią aplinką negalime išsaugoti ankstesnių pažiūrų, nes individas tėra savo aplinkos kopija, atvaizdas, jos produktas.

Žmonės, kurie tai suprato, padarė išvadą, kad žmogus neturi valios laisvės, nes jis – visuomenės produktas ir jo mintis negali valdyti kūno, nes išorinė informacija kaupiama smegenyse; o jos it veidrodis atspindi viską, kas vyksta aplinkui.

Mūsų kilmė – pagrindinė, pirminė mūsų medžiaga. Mes paveldime sielos troškimus, siekius ir tik tuo skiriamės nuo kitų. Visuomenė kiekvieną veikia skirtingai ir todėl nerasime dviejų vienodų žmonių.

Žinok, kad ši pirminė medžiaga – tikras individo turtas, kurio niekas negali bandyti keisti, nes vystydamas savo unikalias savybes žmogus tampa asmenybe.

Todėl tas, kuris atsikrato nors vieno akstino, siekio, sukuria pasaulyje tuštumą, nes jokiame kitame kūne tai daugiau niekada nebepasikartos. Iš čia matyti, kokį nusikaltimą daro „civilizuotos tautos", primesdamos savo kultūrą kitoms tautoms ir griaudamos jų normas.

Bet ar įmanoma užtikrinti visišką asmens laisvę visuomenėje? Aišku, kad visuomenė dėl savo normalaus funkcionavimo visiems individams turi diktuoti savo įstatymus, apribojimus, normas. Todėl nuolat vyksta asmenybės ir visuomenės kova. Iš čia kyla dar aštresnis aspektas: jei dauguma turi teisę diktuoti visuomenės taisykles, o masės visada mažiau išsivysčiusios negu atskiros pažangiausios asmenybės, tada imsime eiti atgal, o ne tobulėsime.

Jeigu visuomenė kuria savo įstatymus pagal dvasinius dėsnius, tai žmogus, laikydamasis šių įstatymų, nepraranda asmeninės galimybės susilieti su Kūrėju, nes šie įstatymai – natūralūs pasaulio ir visuomenės valdymo dėsniai. Bet jeigu visuomenė sukuria savo įstatymus, priešingus dvasinės prigimties dėsniams, tai besivadovaujantieji jais nebegalės maksimaliai išsivystyti.

Tikslingas valdymas įpareigoja mus laikytis gamtos dėsnių, kad asmenybė ir visuomenė vystytųsi reikiama kryptimi. Kabala nurodo viską spręsti, remiantis visuomenės nuomone. Ji parodo, kad kasdieniame gyvenime turime vadovautis daugumos nuomone, o dvasiškai vystydamiesi turime sekti išsivysčiusių asmenybių pavyzdžiu.

Todėl ši taisyklė klasifikuojama kaip „gamtos valdymo taisyklė". Visos kabalos mokslo taisyklės ir dėsniai apima gamtos valdymo dėsnius. Kabaloje nagrinėjant dėsnių, veikiančių mūsų pasaulį „iš viršaus – į apačią", tarpusavio ryšį, tampa aišku, kad daugumos įtakos visuomenėje dėsnis taip pat yra gamtos dėsnis.

VI

Kabalos esmė ir tikslas

- Kokia kabalos esmė?
- Kur jos siekiamas tikslas – šiame ar būsimame pasaulyje?
- Kam naudingas šis mokslas – Kūrėjui ar Jo kūriniams?

Kabalistai, suvokdami Kūrėją, jaučia, kad Jis yra absoliučiai geras. Jie aiškina, kad Jis niekam pasaulyje negali sukelti nė menkiausio skausmo, nes neturi egoizmo, troškimo gauti malonumą, kuris yra visų nemalonių pojūčių priežastis.

Juk tik norėdami patenkinti kokį nors savo troškimą kenkiame kitiems. Jei ne nuolat žmogų veikiantis egoizmas, šiame pasaulyje nebūtų jokio pagrindo blogiui. Kadangi Kūrėją suvokiame kaip absoliučiai tobulą ir pilną, Jam svetimas troškimas „įgyti" lemia tai, kad Jame nėra jokio blogio.

Taigi mūsų atžvilgiu Jis turėtų pasireikšti kaip absoliučiai geras – jausmas, kurį kartais kiekvienas iš mūsų patiria džiaugsmo, malonumo, pilnatvės akimirkomis. Kadangi viskas, ką mes jaučiame, kyla iš Kūrėjo, tai visi Jo kūriniai turėtų jausti vien gėrį... O ką gi jaučiame mes?!

Visą mus supančią gamtą sudaro keturi lygiai: negyvoji gamta, augmenija, gyvūnija ir žmogus. Kiekvienam jų būdingas tikslingas vystymasis – lėtas, laipsniškas, besiremiantis priežasties ir pasekmės ryšiais augimas. Kaip augantis ant medžio vaisius pasidaro malonus ir tinkamas tik sunokęs.

Bet kiek tarpinių būsenų pereina vaisius nuo savo augimo pradžios iki pabaigos! Ir šios tarpinės būsenos nieko nesako apie galutinę vaisiaus būseną, kai jis yra minkštas ir saldus. Greičiau atvirkščiai: kuo skanesnis sunokęs vaisius, tuo kartesnis ir kietesnis augdamas (tartum bjaurusis ančiukas).

Taip pat ir gyvūnų pasaulyje: gyvūno proto branda yra ribota, bet to visai nematyti augimo laikotarpiu, jei palygintume su kūdikiu. Pavyzdžiui, vienos dienos veršiukas turi visas suaugusio jaučio savybes, t. y. jis praktiškai daugiau nesivysto. Žmogus, priešingai, įgyja sumanumo jėgų žydėjime, tačiau yra visiškai bejėgis ir apgailėtinas pirmaisiais gyvenimo metais.

Ir skirtumas toks stulbinantis, kad tyrinėtojas, nepažįstantis mūsų pasaulio, stebėdamas šiuos du naujagimius iš pirmo žvilgsnio prieitų prie išvados, jog iš žmogaus jauniklio kažin ar išeis kas nors vertingo, o iš buliuko tikrai išaugs bent jau naujas Napoleonas.

Dažniausiai tarpinės būsenos yra priešingos galutiniam rezultatui. Todėl tik tas, kuris žino galutinį rezultatą, priims ir supras prastą besivystančio objekto išvaizdą. Todėl taip dažnai žmonės neįstengdami įžvelgti galutinio rezultato padaro klaidingas išvadas.

Iš tikrųjų Kūrėjas mūsų pasaulį valdo kryptingai, ir keliai, kuriais Jis mus veda, paaiškėja tik vystymosi pabaigoje. Kūrėjo požiūrio į mus principas – „absoliutus gėris" be jokios blogio priemaišos, Jo kryptingą valdymą liudija mūsų laipsniškas vystymasis. Galiausiai gebėsime gauti visą tą gėrį, kuris mums paruoštas. Be abejonės, šis tikslas bus pasiektas pagal Jo sumanytą planą.

Mums parengti du vystymosi teisinga kryptimi keliai:

- Kančių kelias, kuris verčia mus jų vengti. Nematome tikslo, esame verčiami bėgti nuo skausmo. Šis kelias vadinamas „neįsisąmoninta evoliucija", arba „kančių keliu";
- įsisąmonintas, neskausmingas ir greitas dvasinio vystymosi kelias, naudojantis kabalos metodu, kuris palengvina trokštamo rezultato pasiekimą.

Visų dėsnių, vystantis pagal kabalos metodiką, tikslas – atskirti mumyse esantį gėrį ir blogį ir toliau gilinti blogio įsisąmoninimą. Dvasinių dėsnių laikymasis gali išvaduoti mus nuo viso blogio, kadangi vystymosi skirtumų esmė yra tik geriau ar blogiau įsisąmoninamas žmogaus blogis, didesnis ar mažesnis troškimas išsivaduoti iš jo.

Viso blogio pagrindas yra mūsų egoizmas, nes jis priešingas Kūrėjo, kuris mums nori duoti tik gėrį, prigimčiai. Kadangi viskas, ką jaučiame kaip kažką malonaus, kyla iš Kūrėjo, tai artumą Jam patiriame kaip malonumą, o nutolimą atitinkamai jaučiame kaip kančią.

Kadangi Kūrėjas nekenčia egoizmo, tai priklausomai nuo savo išsivystymo laipsnio žmogus irgi juo bjaurisi. Požiūris į egoizmą skiriasi: dvasiškai neišsivystęs žmogus laiko egoizmą natūraliu ir naudojasi juo nejausdamas saiko (iki vagystės ir viešo žudymo), labiau pažengusysis gėdijasi atvirai naudotis egoizmu, o dvasiškai išsivystęs žmogus šlykštisi egoizmu.

Štai atsakymai į pradžioje iškeltus klausimus:

Kabalos esmė – būdas, kuriuo žmogus gali pasiekti jam skirtą aukštesnįjį išsivystymo lygį pozityviu keliu, be kančių.

Kabalos tikslas - kad žmogus pasiektų aukščiausią pakopą priklausomai nuo jo atlikto dvasinio darbo gyvenant šiame pasaulyje.

Kabala duota ne kūrinių gerovei, o tam, kad vadovaudamiesi šia instrukcija tobulėtume.

VII

Iš baigiamojo žodžio knygai „Zohar"

Kabala aiškina, kad teisingas ir nuoseklus dvasinių įstatymų vykdymas veda į susiliejimą su Kūrėju. Tačiau ką reiškia „susiliejimas"? Juk mintis negali suvokti Kūrėjo, nes yra ribojama laiko, trimatės erdvės, kūno troškimų, tad negali būti objektyvi.

Kai išsivaduojame iš egoizmo, noras gauti ir laiko, erdvės, judėjimo sąvokos pasikeičia. Jie įgyja dvasinį matmenį. Būdami tokios būsenos kontroliuojame savo troškimą gauti malonumą ir nesileidžiame jo valdomi. Tad mūsų mintys nepriklauso nuo noro gauti ir yra objektyvios.

Kabala siūlo artėti prie Kūrėjo prilygstant Jam savybėmis ir veiksmais. Yra sakoma: susiliek su Jo veiksmais, būk kaip Jis – geras, rūpestingas, nuolaidus ir t. t. Bet kaip gali būti tikras, kad šie Kūrėjo veiksmai ir Jis yra vienas ir tas pats? Be to, kodėl turėčiau susilieti su Juo veikdamas kaip Jis?

Materialiajame pasaulyje susiliejimą, suartėjimą įsivaizduojame kaip atstumo tarp kūnų sumažėjimą. O atsiskyrimą – kaip abipusį nutolimą. Bet dvasiniame pasaulyje nėra vietos, judėjimo, erdvės, todėl savybių panašumas suartina dvasinius objektus, o savybių skirtumas – nutolina vieną nuo kito. Negali būti suartėjimo arba išsiskyrimo kaip priartėjimo arba abipusio nutolimo erdvėje, nes pats dvasinis objektas neužima vietos.

Tačiau kaip kirvis dalija materialų daiktą, taip dvasinio objekto naujos savybės atsiradimas dalija jį į dvi dalis. Jeigu savybės skiriasi nežymiai, tai dvasiniai objektai yra arti vienas kito, o kuo didesnis savybių skirtumas, tuo jie toliau. Jei myli vienas kitą, tai dvasiškai yra „greta" – atstumas tarp jų materialių apvalkalų neturi reikšmės – jų tarpusavio santykį nulemia dvasinis artumas.

Jeigu vienas kažką mėgsta, o kitas to nekenčia, tai priklausomai nuo jausmų ir pažiūrų skirtumo jie bus tarpusavyje nutolę. Jeigu visko, ką mėgsta vienas, kitas nekenčia, – jie yra priešingi.

Tad akivaizdu, jog dvasiniame, arba troškimų, pasaulyje siekių, norų, idėjų ar savybių panašumas arba skirtumas atlieka kirvio vaidmenį – skirsto dvasinius objektus į dalis. Atstumas tarp dvasinių objektų priklauso nuo jausmų ir savybių nesutapimo dydžio.

Todėl vadovaudamiesi Kūrėjo norais, jausmais, mintimis mes artėjame prie Jo. Kadangi Kūrėjas veikia tik dėl savo kūrinių gerovės, tai ir mes turime vien tik linkėti bei daryti gera visiems kūriniams. Kadangi egzistuojame ir materialiame pasaulyje, tai kūno egzistavimui reikalingas minimumas nėra laikomas egoizmu.

Bet ar mes galime visiškai nesavanaudiškai daryti gera? Juk Kūrėjas sukūrė mus kaip absoliučius egoistus, tenorinčius patirti malonumą. Negalime pakeisti savo prigimties ir net darydami gera vieni kitiems sąmoningai arba nesąmoningai tikimės gauti naudos sau. O jeigu tokios naudos neįžvelgiame, dėl kito negalime atlikti nė menkiausio dvasinio ar fizinio veiksmo.

Iš tikrųjų žmogus nepajėgus pakeisti savo prigimties – absoliutaus egoizmo, juolab negali jos transformuoti į kažką visiškai priešinga – daryti gera negaunant už tai garbės, ramybės, šlovės, sveikatos, pinigų. Dėl to mums ir duota kabalos metodika, kad galėtume laikytis dvasinių įstatymų. Ir nėra jokio kito būdo mūsų prigimčiai pakeisti.

Kūnas, jo organai sudaro visumą ir jie nuolat keičiasi pojūčiais bei informacija. Pavyzdžiui, jeigu kūnas jaučia, kad kuri nors jo dalis gali pataisyti bendrą viso kūno būseną, tai ši dalis tuoj pat pajunta ir pildo šį paliepimą. Jeigu kuri nors kūno dalis kenčia, apie tai žino visas kūnas ir stengiasi pataisyti padėtį.

Iš šio pavyzdžio galima suprasti žmogaus, tiksliau, jo sielos, pasiekusios susijungimo su Kūrėju, būseną. Iki įsikūnijimo siela ir Kūrėjas buvo lyg vienas vienetas. Bet įsikūnijusi ji visiškai atsiskyrė nuo Kūrėjo, nes Jo ir kūno savybės nėra vienodos.

Suteikęs sielai egoizmo jausmą, Kūrėjas be savęs sukūrė dar kažką, nes būtent troškimų nevienodumas skiria dvasinio pasaulio objektus. Todėl objektas (siela) ir egoizmas (kūnas) tampa atskira nutolusia nuo Kūrėjo dalimi – žmogumi (kaip atplėštas nuo kūno organas). Jie yra taip toli vienas nuo kito, kad žmogus visiškai nejaučia savo Kūrėjo. Negana to, atstumas yra toks didelis, kad žmogus gali tik Juo *tikėti*, bet ne *pažinti*.

Jei susiliejame su Kūrėju įgydami Jo savybes (t. y. vykdydami dvasinius įstatymus, transformuodami egoizmą, skiriantį mus nuo Kūrėjo, į altruizmą), pasiekiame Jo mintis ir norus. Taip pat atskleidžiame kabalos paslaptis, nes Kūrėjo mintys – tai pasaulio paslaptys!

Kabala skirstoma į dvi dalis – atvirąją ir slaptąją, ir abi jos – Kūrėjo mintys. Ji yra panaši į gelbėjimosi virvę, numestą žmogui, skęstančiam egoizme ir materijoje. Vykdydamas

IŠ BAIGIAMOJO ŽODŽIO KNYGAI „ZOHAR"

dvasinius įstatymus žmogus pasiruošia antrajai, svarbiausiai stadijai, kai vyksta vykdančiojo ir įpareigojančiojo dvasinis susiliejimas.

Vykdantysis laipsniškai pereina penkis lygius, vadinamus *nefeš, ruach, nešama, chaja, jechida*, kurių kiekvieną taip pat sudaro penki lygiai, o kiekviename šių dar penki – iš viso 125 dvasinio pakilimo, suartėjimo su Kūrėju pakopos. Pagrindinės penkios šių laiptų pakopos vadinamos pasauliais, pasauliai skaidosi į pakopas, vadinamas *parcufim*, o *parcufim* skaidosi į pakopas, vadinamas *sfirot*.

Visi, esantys tam tikrame dvasiniame pasaulyje, jaučia tuos, kurie yra tame pačiame arba žemesniame pasaulyje, bet negali net įsivaizduoti ar pajusti nieko iš aukštesnio pasaulio. Todėl tas, kuris pasiekia vieną iš 125 pakopų, suvokia visas sielas, esančias ten iš praeities, dabarties, ateities kartų, ir būna kartu. Mūsų pasaulyje mes negalime nei įsivaizduoti, nei pajusti ko nors, egzistuojančio kituose lygmenyse ar pasauliuose, taip pat ir tų, kurie juose gyvena.

Kabalistai, suartėjimo su Kūrėju kelyje pasiekę tam tikrą pakopą, gali aprašyti ją žodžiais, suprantamais tik tų, kurie irgi pasiekė ją. Bet tuos, kurie dar nėra aprašomame lygmenyje, skaitymas gali suklaidinti ir nuvesti į šalį nuo teisingo supratimo.

Kaip jau minėta, visas kelias nuo mūsų pasaulio Kūrėjo link skirstomas į 125 pakopas, arba lygmenis, bet iki Galutinio išsitaisymo (*Gmar tikun*) neįmanoma įveikti visų 125 pakopų. Visos kartos skiriasi nuo paskutiniosios, galutinai ištaisytos kartos dviem dalykais:

1. tik paskutiniosios kartos žmonės įstengs suvokti visas 125 pakopas;

2. kiekvienoje ankstesnėje kartoje vos keletas žmonių galėjo suvokti Aukštesniuosius pasaulius. Paskutinėje kartoje kiekvienas žmogus galės pakilti dvasinėmis pakopomis ir susilieti su Kūrėju.

„Paskutinė karta" – turima galvoje visos žmonijos kartos nuo 1995 metų, nes, kaip parašyta knygoje „Zohar", nuo tada prasideda naujas žmonijos istorijos laikotarpis – galutinio išsitaisymo laikotarpis. Kabaloje jis dar vadinamas „Išsigelbėjimo laikmečiu" – žmonijos išsigelbėjimo iš žemiausios būsenos laikotarpiu.

Rašbi (Šimonas Bar Johajus) ir jo mokiniai įveikė visas 125 pakopas ir todėl galėjo parašyti knygą „Zohar", kurioje aptariamos visos 125 pasaulių pakopos. Knygoje nurodyta, kad ji atsiskleis tik paskutinėmis dienomis, t. y. prieš galutinį išsitaisymą, nes kitos kartos negali suprasti šios knygos, kadangi negali įveikti visų 125 pakopų. Mūsų karta gali pasiekti 125 pakopas, o tai padarę suprasime, kas parašyta knygoje „Zohar".

Apie tai, kad stovime ant paskutiniosios kartos slenksčio ir kad visi suprasime knygą „Zohar" byloja faktas, jog šiuolaikiniam kabalistui pavyko parašyti detalų komentarą knygai „Zohar". Maža to, iki mūsų dienų praktiškai nebuvo nė vieno knygos „Zohar" komentaro, o šiandien nusipelnėme Baal Sulamo komentaro „Sulam" – aiškaus, išsamaus, visiems prieinamo, kaip ir turi būti paskutiniosios kartos laikais.

Bet reikia suprasti, jog dvasiniai veiksmai skiriasi nuo fizinių tuo, kad pasekmė neina iš karto paskui priežastį. Mūsų laikais dvasinė pasaulių būsena jau yra pasirengusi Mesijo atėjimui (tai jėga, ištraukianti kūrinį iš egoizmo į altruizmą), bet mums duota tik galimybė, o realus pasiekimas priklauso nuo mūsų pačių, nuo mūsų dvasinio lygio. Susijungti su Kūrėju galime suvienodindami savo ir Jo savybes, norus bei tikslus, t. y. visiškai panaikindami egoizmą ir be atlygio darydami gera. Kyla klausimas: iš kur žmogus, absoliutus egoistas, negalintis padaryti nė menkiausio fizinio ar dvasinio judesio be naudos sau, galės surasti jėgų ir suinteresuotumo gyventi dėl kitų?

Atsakymą lengviau suprasti iš gyvenimiško pavyzdžio. Įsivaizduokite situaciją: jūs norite padaryti paslaugą svarbiam žmogui, kurį mylite ir gerbiate. Tarkime, šis didis žmogus sutiko priimti ją iš jūsų arba, pavyzdžiui, sutinka ateiti pas jus į svečius papietauti.

Ir nors leidžiate pinigus, dirbate priimdami svarbų svečią, jaučiate malonumą, tarytum ne jūs svečiui, o jis, sutikdamas iš jūsų priimti, daro paslaugą, vaišina, duoda jums. Jeigu mes galėtume įsivaizduoti Kūrėją kaip kažką, ką gerbiame, tai su dideliu malonumu darytume tai, kas Jam malonu.

Laikytis gamtos dėsnių dėl Kūrėjo įmanoma tik tuo atveju, jeigu suvokiame Jo didybę. Tada veikdami dėl Jo ir suvokdami Jo didingumą mes tarytum gauname. Tačiau, kadangi žmogaus mintys priklauso tik nuo jį supančios visuomenės įtakos, viskas, ką išaukština visuomenė, pakyla ir individo akyse. Todėl svarbiausia būti apsuptam kuo daugiau visaip kaip aukštinančių Kūrėją žmonių.

Jeigu aplinka neišaukština Kūrėjo iki reikiamo lygio, neįstengsime pasiekti dvasingumo. Mokinys turėtų jaustis mažiausias iš visų mokinių. Taip jis gali perimti aplinkos nuomonę ir ją vertinti. Todėl yra pasakyta: „Nusipirk draugą". Juk kuo didesnio žmonių skaičiaus nuomonę jis išgirs, tuo uoliau galės darbuotis, naikindamas savo egoizmą tam, kad pajaustų Kūrėją.

Yra pasakyta, kad kiekvienas žmogus privalo pasiekti Šaknį, savo sielos šaltinį. Kitaip tariant, galutinis tikslas yra visiškai susilieti su Kūrėju. Kūrėjo savybės vadinamos *sfirot*. Todėl studijuodami *sfirot*, jų veiksmus mes tarsi mokomės šių savybių, susiliejame su jomis, tarsi susijungiame su Aukštesniu Protu, susiliejame su Kūrėju.

Kabala vertinga tuo, kad studijuodami ją sužinome pasaulių sukūrimo kelią ir jų valdymą, o studijuodami Kūrėjo veiksmus, Jo savybes, sužinome, į ką turime būti panašūs, kad su Juo susijungtume.

VIII

Kabalos kalba

Mes negalime išreikšti ir perduoti dvasinių sąvokų, nes kalbą riboja mūsų šio pasaulio suvokimas, kuris neatsiejamas nuo laiko, vietos, judėjimo sampratos. Būdami šiame pasaulyje sukūrėme savo žodyną, kurio kasdienės kalbos žodžiai nėra tinkami dvasiniams reiškiniams perteikti.

Sunku parinkti žodžius ir paaiškinti išgyventus jausmus jų nepatyrusiam. Bet kaip vis dėlto išreikšti Aukštesniojo pasaulio pojūčius, kaip tiksliai aprašyti ir perduoti kitiems? Juk jeigu nors viena sąvoka nebus taikliai įvardyta, viso mokslo tikslumas bus nieko vertas. Todėl bandymas apibūdinti dvasinį pasaulį neturint tinkamų žodžių ar kalbos tebėra neišspręsta problema.

Bet koks objektas ir veiksmas mūsų pasaulyje prasideda nuo tam tikro dvasinio pasaulio objekto. Todėl kabalistai atrado patikimą informacijos, žinių dalijimosi tarpusavyje būdą. Jie pasitelkė mūsų materialaus pasaulio daiktų ir veiksmų (šakų) pavadinimus atitinkamiems dvasinio pasaulio daiktams ir veiksmams (šaknims) aprašyti.

Ši kalba buvo sukurta žmonių, kurie pasiekė dvasinius pasaulius dar gyvendami mūsų pasaulyje ir dėl to tiksliai žinojo šiuos atitikmenis. Kabalistai šią kalbą pavadino „šakų kalba"

Iš to galima suprasti kabalistinėse knygose sutinkamus

keistus pavadinimus, veiksmų aprašymus, kurie mums atrodo kaip vaikiškos pasakos arba visiškai absurdiški pasakojimai. Vis dėlto ši kalba labai tiksli, nes šaknis tiksliai ir vienareikšmiai atitinka savo šaką.

Toks atitikimas nestebina, juk šios kalbos kūrėjai vienu metu gyveno abiejuose (dvasiniame ir fiziniame) pasauliuose. Dėl šios priežasties nė vieno žodžio negalima pakeisti kitu, kad ir kaip absurdiškai jis skambėtų: šaka turi tiksliai atitikti šaknį.

Dvasinius objektus skiria ne erdvė, o jų dvasinis neatitikimas, jų savybių nesutapimas. Ir todėl sielų, t. y. atskirų dvasinių objektų, kiekis nulemia žmonių skaičių fiziniame pasaulyje.

Kūrimo pradžioje buvo viena bendra siela: Šviesa (malonumas) ir ją atitinkantis kūnas (troškimas) – *Adam* (hebr. k. – „žmogus"). Jis buvo susiliejęs su Kūrėju ir todėl gaudavo maksimalų malonumą. Sielos prigimtis – tai tik troškimas gauti malonumą. Ir priklausomai nuo šio troškimo siela buvo pripildyta malonumo. Bet gavusi malonumą, siela pajuto gėdą. Mūsų pasaulyje panašiai jaučiasi kiekvienas, gaunantis dovaną arba didelę malonę.

Gėdos laipsnis priklauso nuo žmogaus dvasinio išsivystymo. Tik šis jausmas nuolat spraudžia mus į rėmus ir verčia laikytis visuomenės įstatymų. Gėdos jausmas yra ir kitų siekių – išsimokslinimo, turto, padėties visuomenėje, pagarbos pagrindas.

Siela, vos pajutusi beribę, deginančią gėdą, nusprendė, jog vienintelis kelias iš jos išsivaduoti – liautis gavus malonumą. Bet kadangi Kūrėjas norėjo suteikti sielai malonumą, ji sutiko priimti jį tik dėl Kūrėjo, o ne dėl savęs.

Visai kaip mūsų pasaulyje vaikas, valgydamas „dėl mamos", suteikia motinai tuo didesnį malonumą, kuo didesnį jį jaučia valgydamas. Šioje situacijoje siela turi nuolat kontroliuoti gaunamo malonumo kiekį, kad mėgautųsi tik dėl Kūrėjo.

Kadangi bendroji siela neįstengė akimirskniu pergalėti savo natūralaus troškimo mėgautis dėl savęs – o jis buvo toks didelis! – ji suskilo į daugybę dalelių – sielų, kurioms buvo lengviau darbuotis toliau ir neutralizuoti troškimą mėgautis dėl savęs.

Ir todėl, kad dvasiniame pasaulyje nėra atstumų, o artumą lemia veiksmų ir minčių panašumas (tarpusavio artumas ir meilė), siela, gaunanti „dėl Kūrėjo", yra artima Jam, nes jie vienas kitam, kaip kad motina su vaiku, suteikia malonumą.

Artumą nulemia malonumo, kurį siela gauna dėl Kūrėjo, laipsnis. Malonumo troškimas veikia mumyse instinktyviai, o noras išsivaduoti iš gėdos ir mėgautis dėl Kūrėjo kyla iš mūsų pačių ir dėl to reikalauja ypatingų, nuolatinių pastangų.

Siela, gaunanti dėl savęs, savo ketinimu, dvasiniu veiksmu yra priešinga Duodančiajam. Kuo didesnį malonumą ji egoistiškai patiria, tuo labiau skiriasi nuo Kūrėjo.

Kadangi troškimų skirtingumas atitolina nuo Kūrėjo, skirtinguose nutolimo lygiuose susidarė skirtingi pasauliai – žemyn iki pat mūsų pasaulio. Kiekvienai bendrosios sielos dalelei duotas apibrėžtas laikas (gyvenimas) ir pakartotinos galimybės (sielų sugrįžimai) save ištaisyti.

Žmogus gimsta trokšdamas gauti malonumą tik sau. Visi mūsų „asmeniniai" troškimai kyla iš tamsiųjų jėgų sistemos, kitaip tariant, žmogus yra be galo nutolęs nuo Kūrėjo ir todėl laikomas „dvasiškai negyvu".

Bet jeigu kovodamas su savimi jis įgyja troškimą gyventi, mąstyti ir veikti vien tik dėl kitų ir Kūrėjo, tai toks sielos apvalymas leidžia žmogui palaipsniui artėti prie Kūrėjo, kol visiškai su Juo susilies. Ir kuo labiau žmogus artėja prie Kūrėjo, tuo didesnį malonumą patiria.

Būtent dėl šio sielos transformavimosi buvo sukurtas mūsų pasaulis ir visi dvasiniai pasauliai, kurie tėra pakopos kelyje pas Kūrėją. Susilieti su Kūrėju – tai uždavinys, kurį kiekvienas turi įvykdyti dar gyvendamas mūsų pasaulyje.

Mūsų pasaulis yra labiausiai nuo Kūrėjo nutolęs taškas, priešingas visoms Jo savybėms. Išsivaduodami iš troškimo patenkinti save, artėjame prie Kūrėjo ir taip išlošiame dvigubai: mėgaujamės gaudami malonumą iš Jo ir suteikdami malonumą Jam. Lygiai taip, kaip valgydami mamos ruoštą maistą mėgaujamės juo ir drauge džiaugiamės galėdami pamaloninti mamą.

Vertėtų atkreipti dėmesį į tai, jog egoistinis mėgavimasis yra trumpalaikis ir ribojamas troškimo dydžio (juk nesuvalgysi dviejų pietų), o duoti, dalytis arba gauti dėl kito įmanoma be galo, be to, patiriamas malonumas yra beribis!

Visi pasauliai ir visi juos apgyvendinantieji (įskaitant ir mūsų pasaulį), susijungia viename Kūrėjo sumanyme – suteikti sielai begalinį malonumą. Ir ši vienintelė mintis, šis tikslas apima visą kūrimą nuo pradžios iki pabaigos. Ir visos mūsų patiriamos kančios, savęs taisymo darbas bei atpildas nulemti vien šios minties.

Po asmeninio išsitaisymo visos sielos vėl susijungia į vieną sielą. Taip kiekvienos sielos gaunamas malonumas ne tik padvigubėja pasitenkinant ir suteikiant džiaugsmą Kūrėjui, bet dar ir padauginamas iš vėl susijungusių sielų kiekio.

Kai žmonės tobulindami save dvasiškai kyla, jų akys ima vertis ir jie pamato kitus pasaulius. Taip dar gyvendami šiame pasaulyje jie suvokia visus pasaulius. Ir tariamai absurdiška kabalos kalba jiems tampa veiksmų, minčių, pojūčių kalba, o priešingos mūsų pasaulyje sąvokos susijungia vienoje šaknyje.

IX

Iš „Pratarmės knygai *Zohar*"

Knyga „Zohar" nuo pat parašymo dienos buvo neprieinama neišmanantiems. Mūsų laikais atsirado tinkamos sąlygos atskleisti ją visiems. Kad su šiuo veikalu galėtų susipažinti bet kuris skaitytojas, būtini tam tikri išankstiniai paaiškinimai.

Pirmiausia pažymėtina tai, kad viskas, apie ką rašoma knygoje „Zohar", yra tvarka, sudaryta iš dešimties *sfirų* – *Keter, Chochma, Bina, Chesed, Gvura, Tiferet, Necach, Hod, Jesod, Malchut* ir jų derinių. Kaip bet kuriai minčiai išreikšti mums pakanka riboto abėcėlės raidžių kiekio, taip ir visų galimų dešimties *sfirų* derinių pakanka bet kokiam dvasiniam veiksmui ar objektui aprašyti.

Tačiau egzistuoja trys tikslūs apribojimai, kuriuos reikia nuolat turėti galvoje. Mūsų pasaulyje yra keturi objekto pažinimo (suvokimo) lygiai: medžiaga, medžiagos forma, abstrakti forma ir esmė. Šiuos keturis suvokimo lygius turi ir visos dešimt *sfirų*.

Pirmasis apribojimas yra tas, jog knyga „Zohar" tyrinėja tik medžiagą ir medžiagos formą, bet jokiu būdu ne abstrakčią formą ir esmę.

Antrasis apribojimas. Viskas, kas yra sukurta, skirstoma į 3 lygius:

- *Ein Sof* pasaulis (Begalybė);
- Pasaulis *Acilut*;
- Pasauliai *Brija, Jecira, Asija*.

Knygoje „Zohar" tyrinėjami tik trys paskutinieji pasauliai: *Brija, Jecira, Asija*, o *Ein Sof* ir *Acilut* pasauliai analizuojami tik tiek, kiek iš jų gauna pasauliai *Brija, Jecira, Asija*.

Trečiasis apribojimas. Kiekviename iš pasaulių *Brija, Jecira* ir *Asija* yra trys lygiai:

- 10 *sfirų*, kurios vadinamos Kūrėjo dalimi mūsų pasaulyje;
- žmonių sielos;
- visa kita, kas egzistuoja: *malachim* (angelai), *levušim* (apdangalai) ir *eichalot* (rūmai).

Knyga „Zohar" nagrinėja žmonių sielas, o visus kitus objektus – tik tiek, kiek jie susiję su žmonių sielomis. Verta paminėti jog visos klaidos, netikslumai, suklydimai kyla dėl šių trijų apribojimų nesilaikymo.

Keturis nagrinėjamus pasaulius ABJA (*Acilut, Brija, Jecira, Asija*) atitinka tokios *sfiros*:

- pasaulį *Acilut* – *sfira Chochma*;
- pasaulį *Brija* – *sfira Bina*;
- pasaulį *Jecira* – 6 *sfiros* nuo *Chesed* iki *Jesod*, vadinamos *Tiferet*;
- pasaulį *Asija* – *sfira Malchut*.

Viskas, kas yra aukščiau pasaulio *Acilut*, priklauso *sfirai Keter*.

Kiekvienas išvardytų pasaulių taip pat skirstomas į dešimt *sfirų*. Ir netgi smulkiausias bet kokio pasaulio objektas taip pat dalijamas į dešimt *sfirų*, t. y. susideda iš jų.

Knygoje „Zohar" kiekvienai *sfirai* priskiriama tam tikra spalva:

- balta spalva – *sfirai Chochma*;
- raudona – *sfirai Bina*;
- žalia – *sfirai Tiferet*;
- juoda – *sfirai Malchut*.

```
Chochma  – Acilut      (Balta)
Bina     – Brija       (Raudona)
Chesed  ⎫
Gvura   ⎪
Tiferet ⎬ – Jecira     (Žalia)
Necach  ⎪   (Tiferet)
Hod     ⎪
Jesod   ⎭
Malchul  – Asija       (Juoda)
```

Ir nors šviesa, pripildanti *sfiras*, yra bespalvė, ją gaunantieji mato vieną iš atitinkamų atspalvių. Visuose penkiuose pasauliuose (nuo Begalybės iki mūsų pasaulio) šviesa, išeinanti iš Kūrėjo, yra bespalvė, mums nesuvokiama substancija. Ir tik tada, kai ji prasiskverbia pro pasaulius ir *sfiras* tarsi pro šviesos filtrus, mes priklausomai nuo gaunančios Šviesą sielos lygio juntame ją tam tikros spalvos ir intensyvumo.

Pavyzdžiui, pasaulis *Acilut* perduoda Šviesą be jokio atspalvio, nes šis pasaulis savo savybėmis yra artimas Šviesai. Todėl Šviesos spalva *Acilut* pasaulyje apibūdinama kaip balta. Kitų pasaulių savybės skiriasi nuo Šviesos savybių, ir todėl kiekvienas jų veikia Šviesą priklausomai nuo dvasinio artumo jai.

Jeigu baltą spalvą prilyginsime popieriui, tai, kas ant jo parašyta, yra informacija ir išsiskiria iš balto, – taip ir jausdami raudoną, žalią ar juodą spalvą galime pajusti ir suvokti Šviesą.

Acilut pasaulis (*sfira Chochma*) – baltas knygos fonas, ir todėl negalime jo suvokti. Tačiau *Bina* (pasaulis *Brija*), *Tiferet* (pasaulis *Jecira*), *Malchut* (pasaulis *Asija*), kuriuos atitinka raudona, žalia, juoda spalvos, suteikia mums informaciją, pagrįstą jų tarpusavio deriniais, sąveikomis ir reakcijomis į Šviesą, pereinančią iš pasaulio *Acilut* į mūsų pasaulį.

Vadinasi, pasauliai *Brija, Jecira, Asija* yra tarsi pasaulio *Acilut* koncentriniai apvalkalai. Dabar išnagrinėsime keturias objekto suvokimo rūšis: materiją, materijos formą, abstrakčią formą ir esmę.

Tarkime, objektas yra žmogus melagis:

- materija – žmogaus kūnas;
- materijos savybė, forma – melagis;
- abstrakti savybė – melas, kurį įsivaizduojame nesusietą su materija;
- žmogaus esmė (be sąsajos su kūnu visiškai nepažini).

Mūsų jutimo organai, net pasitelkus lakiausią fantaziją ir prietaisus, neleidžia mums įsivaizduoti pačios esmės. Galime pažinti tik veiksmus bei reakcijas į supančią tikrovę ir įvairiausias sąveikas su esme. Pavyzdžiui, kai apžiūrinėjame objektą, regime ne jį patį, o jo sąveiką su šviesa, ar net, teisingiau, juntame šviesos sąveiką su mūsų akimis. Mūsų klausa girdi ne patį garsą, o jo sąveiką su ausimis, mūsų skonio receptoriai junta seilių, nervų galūnėlių ir liaukų sąveiką su objektu, bet ne jį patį.

Visi mūsų jutimai atskleidžia tik esmės reakcijų sąveikas,

bet ne ją pačią. Ir net mūsų lytėjimo organai, teikiantys mums informaciją apie objekto kietumą ir temperatūrą, neatskleidžia paties objekto, o tik leidžia apie jį spręsti iš mūsų reakcijos jį liečiant ir jaučiant.

Taigi maksimalus pasaulio suvokimas grindžiamas ieškojimu, kaip mus veikia esmė. Bet net drąsiausiose fantazijose neįstengsime jos įsivaizduoti, jei nė karto jos nepajusime, nes nesame susikūrę mintyse jos vaizdo ir neturime noro ją tyrinėti.

Maža to, negalime pažinti net pačių savęs, savo esmės. Suvokdami save kaip objektą, užimantį vietą, turintį formą, temperatūrą bei gebėjimą mąstyti, *suvokiame savo esmės veikimo rezultatus*, bet ne ją pačią. Visą vaizdą apie mūsų pasaulį gauname iš pirmosios objekto suvokimo rūšies – materijos. Šios informacijos mums visiškai pakanka egzistuoti ir sąveikauti su supančiu pasauliu.

Antroji suvokimo rūšis – materijos forma – mums tampa žinoma ištyrus mus supančią gamtą savo jutimo organais. Šios suvokimo rūšies vystymas paskatino mokslo, kuriuo taip pasitikime visais gyvenimo atvejais, atsiradimą. Šis pasaulio suvokimo lygmuo taip pat visiškai patenkina žmogų.

Trečioji suvokimo rūšis – abstrakti forma – būtų įmanoma, jei galėtume stebėti ją neįvilktą į objektą, t. y. nesusietą su materija. Tačiau tik vaizduotėje įmanoma atskirti formą nuo materijos (sakykim, melą, kaip abstrakčią sąvoką, kuri nesusieta su žmogumi).

Bet abstraktus formos tyrinėjimas be sąsajos su materija paprastai neduoda jokių patikimų rezultatų ir nėra patvirtinamas praktikos. Ką jau kalbėti apie formas, kurios niekada nebuvo įvilktos į materiją!

Taigi iš keturių objekto pažinimo rūšių matome, kad jo

esmė visiškai nepažini, o abstrakčios jo formos suvokiamos neteisingai. Ir tik materija bei jos forma, nagrinėjama drauge su materija, suteikia mums visiškai teisingą ir pakankamą ištirto objekto vaizdą.

Dvasiniuose pasauliuose *ABJA (Acilut, Brija, Jecira, Asija)* kiekvienas objektas suvokiamas tik kaip materija ir forma. Beje, spalvos (raudona, žalia ir juoda) šiuose pasauliuose yra materija, ir mes jas suvokiame baltame *Acilut* pasaulio fone. Skaitytojas, studijuojantis knygą „Zohar", turi atsiminti apie būtinybę apsiriboti dviem jam visiškai prieinamomis tyrinėjimo rūšimis.

Kaip jau minėjome anksčiau, visos *sfiros* savo ruožtu yra skirstomos į keturias suvokimo rūšis: *sfira Chochma* yra forma; *Bina, Tiferet* ir *Malchut* – materija, įvilkta į šią formą.

Knygoje „Zohar" tyrinėjamos tik *sfiros Bina, Tiferet* ir *Malchut*. Forma, atsieta nuo materijos, netyrinėjama. Juolab netiriama esmė, t. y. Kūrėjo dalis (Begalybės dalis), suteikianti gyvastį kiekvienai kūrinio daliai.

Beje, *sfiras Bina, Tiferet* ir *Malchut* pasaulyje *Acilut* galime tyrinėti, o *sfiros Keter* ir *Chochma* net pasaulio *Asija* gale mums yra neprieinamos.

Visa, kas egzistuoja kiekviename pasaulyje, skirstoma į keturis lygmenis: negyvąjį, augalinį, gyvūninį ir žmogaus. Tai atitinka keturis troškimo lygius. Panašiai ir kiekvienas objektas susideda iš šių keturių troškimo lygių:

- Siekimas to, kas būtina egzistavimui (to siekia ir gyvūnai), atitinka negyvąjį išsivystymo lygį.
- Turto siekimas atitinka augalinį lygį.
- Valdžios, šlovės, garbės siekimas atitinka gyvūninį lygį.
- Žinių siekimas atitinka lygį „žmogus".

Taigi matome, jog pirmąją troškimo rūšį, t. y. tik būtinų dalykų ir gyvūninių malonumų troškimą, žmogus gauna iš žemesnių nei jis. Turto, valdžios, garbės troškimą tenkina kitų žmonių dėka, o išsilavinimo, žinių troškimą jis tenkina skatinamas aukštesniųjų objektų.

Visi dvasiniai pasauliai panašūs vienas į kitą, skiriasi tik jų lygis. Taigi negyvasis, augalinis, gyvūninis ir žmogaus lygiai pasaulyje *Brija* turi savo atspindį pasaulio *Jecira* atitinkamuose negyvajame, augaliniame, gyvūniniame ir žmogaus lygiuose. Savo ruožtu šie pasaulio *Jecira* lygiai įsispaudžia, atsispindi atitinkamuose pasaulio *Asija* lygiuose ir t. t. – iki pat mūsų pasaulio.

- negyvasis lygis dvasiniuose pasauliuose vadinamas *eichalot;*
- augalinis lygis – *levušim;*
- gyvūninis lygis – *malachim;*
- žmogaus lygis – „žmonių sielos" tam tikrame pasaulyje.

Kiekvieno pasaulio dešimt *sfirų* laikomos Kūrėjo dalimi tame pasaulyje. Kiekviename pasaulyje žmonių sielos yra to pasaulio centras, o jas palaiko kiti lygiai.

Studijuojančiam knygą „Zohar" būtina nuolatos prisiminti, kad visi objektai nagrinėjami tik jų sąveikos tam tikrame pasaulyje atžvilgiu, o tyrinėjama tik žmogaus siela ir tai, kas su ja susiję.

Kadangi knyga „Zohar" nagrinėja sielas, apsivilkusias šio pasaulio kūnais, tai ir Begalybė nagrinėjama tuo pačiu aspektu. Kitaip tariant, knyga tyrinėja Begalybės įtaką, programą ir norą mūsų, bet ne kitų objektų kituose pasauliuose atžvilgiu.

Begalybė (*Ein Sof*) apima visą kūrimo programą nuo pradžios iki galo. O pasauliai *Brija, Jecira, Asija* ir mūsų pasaulis – tik šios programos įgyvendinimas.

Todėl visi dvasiniai ir fiziniai veiksmai visuose pasauliuose – tik programos, esančios Begalybėje, pasekmės. Iš ten jie nusileidžia į pasaulį *Acilut*, kur skirstomi į konkrečias programas ir tam tikra tvarka per visus pasaulius leidžiasi į mūsų pasaulį visuotinio ir asmeninio valdymo pavidalu.

Žmonių sielos atsiranda pasaulyje *Brija*. Todėl tik nuo šio pasaulio galima tyrinėti jų priklausomybę ir sąryšį su Begalybe. Kiekvieno pasaulio *BJA* dešimt *sfirų* gauna iš *Acilut* pasaulio atitinkamų dešimties *sfirų* programą, kiekvienos savo dalies veikimo metodą ir realizavimo laiką.

Kadangi *Acilut* pasaulyje kūrimo planas yra kaip programa, tai Begalybės Šviesa, pereinanti *Acilut* pasaulį, lieka bespalvė. Visa mūsų gaunama informacija remiasi nesibaigiančiais Šviesos pokyčiais, kuriuos mums atskleidžia pasaulių *Brija, Jecira, Asija* spalvos.

X

Iš „Įvado knygai *Zohar*"

Kad ką nors suprastume apie supančią gamtą ir save, turime aiškiai įsivaizduoti kūrimo tikslą, jo galutinę būseną, nes tarpinės būsenos gali būti gana apgaulingos. Kabalistai tvirtina, jog kūrimo tikslas – suteikti kūriniams didžiausią malonumą. Dėl to Kūrėjas sukūrė sielas, „troškimą gauti malonumą". Be to, kadangi norėjo jas visiškai pasotinti malonumu, sukūrė tokį milžinišką troškimą mėgautis, kad šis prilygtų Jo norui suteikti malonumą.

Taigi siela – tai troškimas patirti malonumą. Priklausomai nuo troškimo dydžio siela gauna atitinkamą malonumą iš Kūrėjo. Patiriamo malonumo kiekis matuojamas troškimo jį gauti dydžiu.

Visa, kas egzistuoja, priskiriama arba Kūrėjui, arba Jo kūriniams. Kol nebuvo sukurtas troškimas mėgautis, arba sielos, egzistavo tik Kūrėjo noras suteikti malonumą. Todėl pats Jo noras duoti malonumą sukūrė troškimą gauti malonumą, kuris lygus dydžiu, bet priešingas savybe.

Vadinasi, vienintelis dalykas, kuris sukurtas ir egzistuoja be Kūrėjo, – tai troškimas jausti malonumą. Dar daugiau, jis yra visų pasaulių ir to, kas juose gyvena, medžiaga, o malonumas, išeinantis iš Kūrėjo, suteikia gyvybę ir viską valdo.

Dvasiniuose pasauliuose savybių, troškimų neatitikimas išskiria, nutolina du dvasinius objektus taip, kaip mūsų pasaulyje du materialius objektus skiria atstumas. Ir mūsų pasaulyje, jei du žmonės mėgsta ir nekenčia to paties, t. y. jų skoniai sutampa, mes sakome, kad jie vienas kitam artimi.

O jeigu polinkiai, pažiūros skiriasi, tai jie tarsi nutolę vienas nuo kito proporcingai jų pomėgių, pažiūrų skirtumui. Ne fizinis, o dvasinis artumas lemia žmonių artumą. Mylintys vienas kitą yra susijungę, susiliėję, o nekenčiantys – dvasiškai nutolę it du poliai.

Troškimas patirti malonumą. Siela be galo toli nuo Kūrėjo, nes yra priešinga Jo norui suteikti malonumą. Kad būtų ištaisytas šis sielų nutolimas nuo Kūrėjo, buvo sukurti visi pasauliai ir padalyti į dvi priešiškas sistemas: keturi šviesūs pasauliai – *Acilut, Brija, Jecira, Asija (ABJA)* ir keturi tamsūs pasauliai *ABJA*.

Skirtumas tarp šių dviejų sistemų tik tas, kad pirmosios, šviesiųjų pasaulių, sistemos būdinga savybė – teikti malonumą, o antrosios, tamsiųjų pasaulių, sistemos savybė – gauti malonumą. Kitaip tariant, pirminis troškimas gauti malonumą pasidalijo į dvi dalis: viena savybėmis liko tokia pat (gaunanti), o kita įgijo Kūrėjo savybes, t. y. suartėjo, susiliejo su Juo.

Po to pasauliai transformavosi iki mūsų materialaus pasaulio, t. y. iki vietos, kur žmogus egzistuoja sistemos „kūnas ir siela" pavidalu. Kūnas – tai troškimas gauti malonumą, kuris nepakitęs nusileido per tamsiuosius pasaulius *ABJA*, tai troškimas mėgautis dėl savęs – egoizmas.

Ir todėl žmogus gimsta egoistu ir yra šios sistemos veikiamas tol, kol nepradeda vykdyti dvasinių įstatymų, suteikdamas džiaugsmą Kūrėjui. Šitaip jis palaipsniui apsivalo nuo egoizmo (troškimo mėgautis dėl savęs) ir įgyja troškimą mėgautis dėl Kūrėjo. Tada jo siela nusileidžia per visą šviesiųjų pasaulių sistemą ir apsivelka kūnu.

Čia prasideda taisymosi laikotarpis ir tęsiasi tol, kol visas egoizmas nevirsta į altruizmą (troškimą mėgautis tik dėl Kūrėjo).

Šitaip žmogus savybėmis prilygsta Kūrėjui, nes gavimas dėl kito yra laikomas ne gavimu, o davimu. Kadangi savybių tapatumas reiškia susiliejimą ar susijungimą, tai žmogus automatiškai gauna viską, kas jam yra paruošta dar pagal kūrimo sumanymą.

Kūrėjo sukurto troškimo mėgautis atskyrimas į dvi dalis (kūną ir sielą) pasinaudojant sistemomis *ABJA* suteikia mums galimybę pertvarkyti troškimą mėgautis savo malonumui į troškimą mėgautis dėl Kūrėjo. Tokiu būdu galime gauti viską, kas paruošta mums pagal kūrimo sumanymą, bei nusipelnyti susiliejimo su Juo.

Tai laikoma galutiniu kūrimo tikslu. Šioje pakopoje tamsioji sistema *ABJA* tampa nebereikalinga ir liaujasi egzistavus. Šis darbas (savo egoizmą pakeisti į troškimą jausti malonumą dėl Kūrėjo) numatytas atlikti per 6000 metų ir turi būti įvykdytas tiek kiekvieno žmogaus per jo gyvenimą, tiek ir visų kartų drauge. Kiekvienas žmogus kaskart iš naujo gims šiame pasaulyje, kol šis darbas nebus baigtas. Tamsiosios *ABJA* sistemos reikia vien kūnui sukurti, kad taisydamas jo egoizmą žmogus įgytų savo antrąją – dieviškąją prigimtį.

Bet jeigu egoizmas (malonumo sau troškimas) yra toks žemas, kaip apskritai jis galėjo atsirasti Kūrėjo mintyse? Atsakymas paprastas. Kadangi dvasiniame pasaulyje laiko nėra, tai galutinė kūrimo būsena atsirado vienu metu su kūrimo sumanymu, nes dvasiniuose pasauliuose praeitis, dabartis ir ateitis susilieja į viena.

Todėl egoistiškas noras mėgautis ir jo pasekmės – savybių priešingumas bei atsiskyrimas nuo Kūrėjo dvasiniame pasaulyje niekados neegzistavo. Nuo kūrimo pradžios iki pabaigos siela pereina tris būsenas. Pirmoji būsena yra ir galutinė, nes ji dėl savybių panašumo jau yra greta Kūrėjo.

Antroji būsena – tai mūsų tikrovė, kurioje egoizmas (dviejų *ABJA* sistemų padalytas į kūną ir sielą) per 6000 metų yra transformuojamas į altruizmą. Per šį laikotarpį taisosi tik sielos: sunaikinamas dėl kūno įtakos įgytas egoizmas ir pasiekiamas iš prigimties joms būdingas altruizmas.

Netgi teisuolių sielos nepatenka į *Gan Eden* (Edeno sodas – tai tam tikras šviesiosios *ABJA* pasaulių sistemos lygis), kol nesunaikinamas visas egoizmas kūnuose ir kol jie nesupūva „žemėje" (*Asija* pasaulio *Malchut*).

Trečioji būsena – ištaisytų sielų būsena po „mirusiųjų prikėlimo", t. y. po to, kai „kūnai" išsitaiso. Kitaip tariant, kai kūnui būdingas egoizmas virsta altruizmu ir kūnas nusipelno gauti visą Kūrėjo jam skirtą malonumą. Tuo pat metu dėl savybių panašumo kūnas susilieja su Kūrėju. Taip suteikiamas malonumas Kūrėjui, nes susiliejant su Juo patiriamas *tikrasis* malonumas.

Įdėmiai pažvelgę pastebėsime, kad šios trys būsenos sąlygoja viena kitos atsiradimą. Pašalinus vieną jų išnyktų ir likusios.

Pavyzdžiui, jei neatsirastų trečioji, galutinė būsena, nebūtų ir pirmosios, – nes ji atsirado tik dėl to, kad egzistuoja trečioji būsena, kuri jau yra pirmojoje. O visą pirmosios būsenos tobulumą lemia būsimos būsenos projekcija į dabartį – jeigu nebūtų ateities, nebūtų ir dabarties. Taip yra todėl, kad dvasiniuose pasauliuose nėra laiko, vien kintančios būsenos.

Iki kūrimo pradžios, kūrimo sumanyme, buvo aiškiai nustatytas tikslas, ir būtent čia prasidėjo kūrimas. Todėl pirmoji ir antroji būsenos yra palaikomos paskutiniosios, trečiosios, būsenos. Kalbant apskritai, kitaip nei mūsų veiksmai šiame pasaulyje, dvasiniame pasaulyje kiekvienas veiksmas prasideda kuriant jo potencialią galutinę būseną, kurią lydi faktinis realizavimas.

Taip ateitis sąlygoja dabarties egzistavimą. O jei kas nors išnyktų iš antrosios būsenos (darbo taisant save), kaipgi atsirastų trečioji, ištaisyta būsena, kuri lemia pirmąją? Lygiai taip pat pradinė būsena, kur dėl ateities (trečiosios būsenos) jau yra tobulybė, sąlygoja tiek antrosios, tiek trečiosios būsenų egzistavimą ir realizavimą.

Bet jeigu trečioji būsena jau egzistuoja (nors ir nejaučiame) ir mes pagal Kūrėjo sumanymą privalome ją pasiekti, tai kurgi mūsų valios laisvė?

Iš to, kas pasakyta, matyti, kad nors mums ir reikia pasiekti nurodytą tikslą, vis dėlto yra du būdai tai atlikti, arba pereiti iš pirmosios būsenos į trečiąją.

- Pirmasis – savanoriškas – sąmoningai vykdant kabalos nurodytas taisykles.
- Antrasis – kančių kelias, nes kančios gali išgryninti egoistinį kūną, priversti egoizmą pasiekti altruizmą ir taip susilieti su Kūrėju.

Šie du keliai skiriasi tik tuo, kad pirmasis yra trumpesnis. Juk galų gale antrasis kelias kančiomis grąžins mus į pirmąjį. Šiaip ar taip, viskas tarpusavyje susiję ir bendrai sąlygoja visas mūsų būsenas nuo kūrimo pradžios iki pabaigos. Kadangi esame sugadinti ir niekingi, turime tapti tokie tobuli kaip Kūrėjas. Juk toks tobulas kaip Jis negali sukurti to, kas netobula.

Dabar mums aišku, kad mūsų turimas kūnas nėra tikrasis. Mūsų tikrasis, amžinas, nemirtingas kūnas egzistuoja pirmosios ir trečiosios būsenų pakopose. O dabartinei, antrajai, būsenai mums specialiai duotas žemas, ydingas, turintis trūkumų, visiškai egoistinis kūnas, kuris savo troškimų skirtingumu atplėštas nuo Kūrėjo. Šį kūną gavome būtent tam, kad jį ištaisytume ir vietoj jo gautume trečiosios būsenos nemirtingąjį kūną. Ir tik būdami dabartinės būsenos galime atlikti visą darbą.

Galbūt pasakysite, kad ir būdami antros būsenos pakopoje esame absoliučiai tobuli, nes mūsų kūnas (troškimas patirti malonumą, egoizmas), nykstantis su kiekviena diena, mums visiškai netrukdo pasiekti trokštamos būsenos. Išskyrus viena – laiką, reikalingą galutinai jį pašalinti ir vietoj jo gauti amžiną bei tobulą kūną, t. y. altruistinį norą.

Visgi kaip iš tokio tobulo Kūrėjo atsirado tokia netobula visata ir mes, mūsų visuomenė su jos žemais polinkiais? Atsakymas: Kūrėjas visai nebuvo sumanęs mūsų laikino kūno, visos visatos ir žmonijos dabartinio pavidalo. Kūrėjo atžvilgiu mes jau esame savo galutinės būsenos pakopoje. O visa, kas laikina, kaip antai kūnas su jo egoizmu, tik padeda lengviau dvasiškai kilti tobulinant save.

Visos kitos šio pasaulio būtybės dvasiškai kyla arba leidžiasi bei pasiekia tobulybę kartu su mumis. Kadangi trečioji būsena veikia pirmąją, nurodytą tikslą mums skirta pasiekti dvejopai: arba savo noru dvasiškai vystantis, arba einant kančių keliu. Beje, kančios veikia tik mūsų kūną.

Iš čia matyti, kad egoizmas sukurtas tik tam, kad būtų išrautas iš pasaulio ir pakeistas altruizmu. Kančios atskleidžia mums kūno nereikšmingumą, kad įsitikintume, jog jis laikinas ir bevertis.

Kai visi pasaulio žmonės nuspręs išrauti egoizmą ir ims galvoti ne apie save, o vieni apie kitus, – išnyks visi rūpesčiai ir kiekvienam bus garantuotas ramus, sveikas, laimingas gyvenimas, nes kiekvienas bus įsitikinęs, jog visas pasaulis rūpinasi ir galvoja apie jo gerovę.

O kol esame įklimpę į egoizmą, nėra jokio išsigelbėjimo nuo kančių, kurios nuolatos užgriūva žmoniją. Priešingai, šias kančias Kūrėjas siunčia ragindamas mus rinktis kabalos siūlomą kelią, meilės ir rūpinimosi vienas kitu kelią.

Todėl, anot kabalos, taisyklės, apibrėžiančios žmonių tarpusavio santykius, yra svarbesnės už mūsų pareigas Kūrėjo atžvilgiu. Nes socialinės pareigos leidžia greičiau išnaikinti egoizmą.

Ir nors mes dar nepasiekėme trečiosios būsenos, tai nė kiek mūsų nežemina, nes tai tėra laiko klausimas. Ateitį galime pajausti jau dabar, būdami savo dabartinės būsenos, tačiau gebėjimas jausti ateitį priklauso nuo mūsų tikrumo dėl jos. Taigi tik visiškai užtikrintas žmogus galės tiksliai pajausti trečiąją būseną. Kai taip nutiks, mūsų kūnas tarsi liausis egzistavęs.

Bet siela egzistuoja amžinai, nes savo savybe sutampa su Kūrėju (kitaip nei materijos produktas – protas). Kūrėjo savybę siela įgyja vystydamasi, nors jos pirminė prigimtis – noras gauti malonumą.

Noras gimdo poreikį, o pastarasis skatina atitinkamas mintis ir žinias norams patenkinti. Kadangi žmonių norai skirtingi, tai nieko keista, kad skiriasi ir jų poreikiai, mintys bei išsivystymas.

Turinčiųjų žemus poreikius mintys ir išsilavinimas bus nukreipti į šių troškimų patenkinimą. Nors tokie žmonės naudojasi žiniomis ir intelektu, bet tai tarnauja žemesniam (gyvūniniam) protui. Tie, kurių malonumo sau troškimą sudaro tokie žmogiškieji norai, kaip valdyti kitus, panaudoja savo jėgą, protą ir išsilavinimą šiems norams patenkinti.

Dar kitų noras gauti patenkinamas žiniomis. Tokie žmonės pasitelkia savo protą šiam norui įgyvendinti. Šias tris troškimų rūšis tam tikra proporcija turi kiekvienas iš mūsų. Niekad nepasitaiko, kad jos būtų gryno, t. y. vieno, pavidalo. Kaip tik šiais troškimų deriniais žmonės ir skiriasi.

Žmonių sielos, pereidamos šviesiuosius pasaulius *ABJA*, įgyja savybę patirti malonumą dėl kitų ir dėl Kūrėjo. Kai siela įeina į kūną, gimsta žmogaus noras siekti altruizmo, Kūrėjo. Šio siekio stiprumas priklauso nuo troškimo dydžio.

Visa, ką pasiekia siela būdama antrosios būsenos, lieka amžinai jos nepriklausomai nuo kūno amžiaus ar jo suirimo. Atvirkščiai, be jo ji tuoj pat užima atitinkamą dvasinę pakopą ir grįžta į savo šaknį. Ir jau tikrai sielos amžinumas visiškai nepriklauso nuo gyvenime įgytų žinių, kurios sunyksta kartu su kūnu. Jos amžinumas remiasi tik tuo, kad ji įgyja Kūrėjo savybes.

Yra žinoma, kad per 6000 metų, kurie suteikti mums išsitaisyti naudojantis kabala, taisome ne savo kūnus su jų sugedusiu troškimu mėgautis, bet tik savo sielas, keldami jas apsivalymo ir dvasinio vystymosi pakopomis. Bet galutinis egoizmo ištaisymas įmanomas tik pakopoje, kuri vadinasi „mirusiųjų prisikėlimas".

Kaip jau minėta, pirmoji būsena sąlygoja visišką trečiosios atsiskleidimą ir todėl pirmoji būsena daro būtiną „mirusių kūnų (t. y. egoizmo su visomis jo ydomis) prisikėlimą". Ir vėl prasideda darbas – sugadinto egoizmo perdarymas į tokio pat dydžio altruizmą. Taip mes išlošiame dvigubai:

- gauname kūno suteiktą milžinišką norą mėgautis;
- mėgaujamės ne dėl savęs, bet tam, kad patenkintume Kūrėjo norą. Tarsi ne patys gautume malonumą, o suteiktume Jam galimybę mums jį duoti. Kai veiksmu esame į Jį panašūs, susiliejame su Juo. Jis suteikia mums malonumą, o mes leidžiame Jam tai daryti. Tad „mirusiųjų prisikėlimas" kyla iš pirmosios būsenos.

„Mirusiųjų prisikėlimas", kaip dabar aišku, turi vykti antrosios būsenos pabaigoje – išnaikinus egoizmą, įgijus altruizmą ir suvokus sielos aukščiausias dvasines pakopas. Tokios būsenos siela pasiekia tobulumą ir leidžia kūnui patirti prisikėlimą bei visišką ištaisymą.

Beje, šis principas („mirusiųjų prisikėlimas") veikia bet kuriuo atveju: kai norime panaikinti blogą įprotį, savybę ar polinkį, pirmiausia turime visiškai jo atsikratyti, o tik po to galima vėl iš dalies juos panaudoti reikiama kryptimi. Tačiau kol visiškai neatsikratėme, neįstengsime jo panaudoti reikiama, protinga ir nepriklausoma kryptimi. Tad dabar galime suprasti savo vaidmenį ilgoje tikrovės grandinėje, kurios mažiausia grandis – kiekvienas mūsų.

Mūsų gyvenimą galima suskirstyti į keturis laikotarpius:

1. Didžiausio lygio egoizmo suvokimas. Jį suvokiame per tamsiąją *ABJA* sistemą, kad paskui ištaisytume. Malonumai, kuriuos gauname iš tamsiosios *ABJA* sistemos, ne patenkina, o tik padidina malonumo troškimą.

Pavyzdžiui, žmogus trokšta gauti malonumą, jį patiria, ir troškimas padvigubėja, o įgyvendinus pastarąjį – paketurgubėja... Ir jeigu žmogus neriboja savęs, neapsivalo nuo nereikalingų troškimų (naudodamas kabalos metodiką) ir neatsigręžia į altruizmą, visą gyvenimą troškimas tik didės, kol pabaigoje, mirties patale, žmogus išvysta, kad nepasiekė ir pusės to, ko troško.

Kitais žodžiais tariant, nors tamsiųjų jėgų vaidmuo – suteikti žmogui medžiagos darbui, bet dažniausiai pasirodo, kad jis pats tampa medžiaga tamsiosioms jėgoms.

2. Antruoju periodu šviesiam taškui žmogaus širdyje (esančiam dar nuo jo dvasinio gimimo) suteikiama galia ir atsiranda galimybė vykdyti dvasinius įstatymus bei pakilti veikiant šviesiosioms *ABJA* jėgoms.

Pagrindinis šito laikotarpio uždavinys – įgyti ir maksimaliai padidinti dvasinių malonumų troškimą. Nuo gimimo žmogus trokšta tik materialių dalykų: valdyti pasaulį, įgyti turtų, garbės, valdžios, nesvarbu, kad visa tai laikina, nepastovu.

Tačiau kai žmogus išsiugdo dvasinį troškimą, jis nori valdyti ir amžiną, dvasinį pasaulį, – tai yra ir tikrasis noras, ir galutinis egoizmas. Dirbdamas su savimi (t. y. taisydamas šitą milžinišką troškimą mėgautis), jis gali pasiekti dvasios viršūnių – proporcingai ištaisytam egoizmui.

Egoizmas sukuria didžiulių sunkumų, stumia mus nuo dvasingumo, ir jeigu žmogus neįsitraukia į nuolatinę žiaurią kovą su savimi, tai pradeda trokšti visko, kas yra šiame pasaulyje. Tačiau jei kovoje pasiseka, atsiranda nepaprastai stipri trauka Kūrėjui, padedanti susilieti su Juo.

Ši kova nėra kova prieš mums žinomus šio pasaulio norus, kai žmogus apriboja, drausmina save tenkindamas troškimus. Mes veikiau ugdome troškimą suvokti dvasingumą ir amžinybę po to, kai apmąstėme jų didybę, jų pranašumą visatos ir laiko atžvilgiu. Šitoks noras susilieti su Kūrėju yra paskutinė antrojo laikotarpio pakopa.

3. **Trečiuoju vystymosi periodu** žmogus studijuoja kabalą ir laikosi Aukštesniųjų pasaulių įstatymų. Čia jam padeda antiegoistinis ekranas, kurio ketinimas yra suteikti džiaugsmą Kūrėjui, nesiekiant jokios naudos sau. Šis darbas ištaiso ir pertvarko egoizmą į troškimą kurti gėrį taip kaip Kūrėjas.

Proporcingai anuliuotai egoizmo daliai žmogus gauna tam tikro lygio sielą – tam tikrą šviesos ir malonumo kiekį, sudarytą iš penkių dalių (*nefeš, ruach, nešama, chaja, jechida – NaRaNCHaJ*). Kol dar lieka malonumo sau troškimas (egoizmas), žmogus yra atplėštas nuo Kūrėjo, ir net menkiausia sielos dalelė negali įeiti į kūną.

Tačiau kai žmogus visiškai sunaikina egoizmą ir pasiekia troškimą mėgautis tik dėl malonumo Kūrėjui, t. y. tampa panašus į Kūrėją, visa jo siela, kuri yra vienos bendros sielos dalis, nedelsdama įeina į jį.

4. **Ketvirtasis periodas** eina po „mirusiųjų prisikėlimo", t. y. po visiško sunaikinimo egoizmas vėl visiškai atkuriamas. Vėl prasideda jo pertvarkymas į altruizmą. Tačiau mūsų pasaulyje tik vienetai pajėgūs atlikti šį darbą.

Kabaloje pasakyta, kad visi pasauliai sukurti žmogui (visai žmonijai). Bet ar nekeista, kad Kūrėjas varginosi visai tai kurdamas dėl tokio mažo objekto kaip žmogus, kuris pasimeta net mūsų pasaulyje, o dar menkesnis kitų pasaulių atžvilgiu? Kam žmonijai reikia visos šios kūrinijos?

Kūrėjas mėgaujasi galėdamas užpildyti kūrinius priklausomai nuo jų suvokimo, įsisąmoninimo, kad visą gėrį duoda Jis. Tik tokiu atveju Kūrėjas gauna malonumą iš mūsų. Kaip tėvas, žaidžiantis su mylimu sūnumi, pasitenkina tuo, kad sūnus žiūri į jį, kad pripažįsta tėvą kaip mylimą, stiprų, laukiantį tik prašymų ir pasiruošusį juos patenkinti.

O dabar pabandykite įsivaizduoti, kokį didžiulį džiaugsmą Kūrėjas patiria dėl tų tobulųjų, kurie sugebėjo pakilti tiek, kad pamatė ir pajuto visa, kas dėl jų paruošta. Jie sukūrė tokius santykius su Kūrėju kaip tėvas su mylimu ir mylinčiu sūnumi. Iš to suprasi, kad dėl šito vertėjo Kūrėjui sukurti visus pasaulius. O išrinktieji supras ir daugiau, kas yra atskleidžiama artėjantiems prie Kūrėjo.

Kad paruoštų kūrinius pasaulių atskleidimui, Jis parengė keturis vystymosi lygius: negyvąjį, augmeninį, gyvūninį ir žmogaus, kurie atitinka keturis malonumo troškimo lygius. Svarbiausia pakopa – ketvirtoji, bet ją pasiekti įmanoma tik palaipsniui vystantis, visiškai įvaldžius kiekvieną pakopą.

Pirmoji pakopa (negyvoji) – pasireiškimo pradžia, troškimo sumanymas mūsų materialiame pasaulyje. Joje esanti jėga apima visas negyvosios gamtos rūšis, bet nė viena šios gamtos sudedamųjų dalių (pavyzdžiui, akmenys) negali savarankiškai judėti.

Noras patirti malonumą gimdo poreikius, o poreikiai gimdo judesius pasiekti tai, kas trokštama. Šiuo atveju (pirmojoje pakopoje) malonumo troškimas labai mažas ir todėl daro įtaką tik visų sudedamųjų dalių sumai, ir nepasireiškia kiekviename negyvosios gamtos elemente atskirai.

Kitoje pakopoje (augmeninėje) malonumo troškimas didesnis ir jau pasireiškia kiekvienoje atskiroje dalyje. Todėl kiekvienas augmeninės pakopos elementas gali judėti pats (pavyzdžiui, augalai atgręžia į saulę savo vainiklapius).

Šioje pakopoje jau vyksta absorbavimo ir šalinimo procesai. Tačiau šiai pakopai priklausantiems kūriniams trūksta individualios valios laisvės pojūčio.

Trečioje pakopoje (gyvūninėje) troškimas gauti malonumą išaugęs dar labiau. Čia troškimas sukelia kiekvieno atskiro elemento asmeninius pojūčius – kiekvieno savitą gyvenimą, kuris skiriasi nuo kitų. Bet šioje pakopoje kol kas nėra rūpinimosi kitais jausmo, t. y. šiems kūriniams dar trūksta reikiamos užuojautos arba džiaugsmo dėl panašių į save.

Paskutinėje, ketvirtoje, (žmogaus) pakopoje malonumų troškimas pagimdo artimo jausmą. Pavyzdžiui, skirtumas tarp trečios ir ketvirtos pakopos toks, koks yra tarp visų kartu sudėtų gyvūnų ir vieno žmogaus, nes gyvūnai nejaučia kitų, jų poreikiai nepranoksta asmeninių troškimų ribų.

Tuo tarpu žmogus, sugebantis jausti artimą, perima kitų poreikius ir taip ima kitiems pavydėti. Žmogui norisi vis daugiau ir daugiau, kol ima trokšti viso pasaulio.

Kūrėjo tikslas – pamaloninti kūrinius, kad jie pažintų Jo didybę ir gautų iš Jo visą jiems paruoštą malonumą. Aišku, jog šią užduotį gali atlikti tik žmogus. Tik žmogus jaučia artimą ir tik žmogus gali transformuoti troškimą gauti malonumą į troškimą suteikti malonumą kitiems, pritaikydamas kabalos rekomendacijas savo vidiniame darbe. Šie gebėjimai leidžia jam pajausti dvasinius pasaulius ir patį Kūrėją. Savo lygyje suvokdamas tam tikro dvasinio pasaulio eilinę *NaRaNCHaJ* (Šviesų) pakopą, žmogus patiria malonumą, o tai atitinka kūrimo tikslą.

Būtent žmogus, nors atrodo mažas ir nereikšmingas, yra kūrimo centras ir tikslas. Mes panašūs į kirminą, gyvenantį obuolyje ir manantį, kad visas pasaulis toks pat rūgštus ir mažas kaip tas obuolys, kuriame jis gimė. Tačiau tuomet, kai prasiskverbia pro obuolio žievę ir apsidairo aplink, apstulbęs sušunka: „Aš maniau, kad visas pasaulis kaip tas mano obuolys, bet dabar matau, koks pasaulis iš tikrųjų didžiulis ir nuostabus!"

Taip ir mes, gimę egoizmo kiaute bei trokšdami tik mėgautis dėl savęs, nesame pajėgūs pralaužti šį kiautą be kabalos, mūsų ištaisymo instrumento. Neįstengiame troškimo gauti malonumą paversti į troškimą suteikti malonumą kitiems ir Kūrėjui. Ir todėl manome, kad visas pasaulis – vien tai, ką matome bei juntame, ir nesuvokiame, kiek gero mums paruošė Kūrėjas.

Viskas, kas sukurta, susideda iš penkių pasaulių: *Adam Kadmon*, *Acilut*, *Brija*, *Jecira* ir *Asija*. Bet kiekviename iš jų yra begalė sudedamųjų dalių. Penki pasauliai atitinka penkias *sfiras*: *Adam Kadmon* atitinka *sfirą Keter*, *Acilut* – *sfirą Chochma*, *Brija* – *sfirą Bina*, *Jecira* – *sfirą Tiferet*, *Asija* – *sfirą Malchut*.

Šviesa (malonumas), pripildanti šiuos pasaulius, yra atitinkamai padalyta į penkias rūšis: *Jechida*; *Chaja*; *Nešama*; *Ruach* ir *Nefeš* (santrumpa, sudaryta iš pirmųjų raidžių atbuline tvarka, - *NaRaNCHaJ*).

Taigi pasaulis *Adam Kadmon* pripildytas malonumo, Šviesos, vadinamos *Jechida*; pasaulis *Acilut* pripildytas malonumo, Šviesos, vadinamos *Chaja*; pasaulis *Brija* pripildytas malonumo, Šviesos, vadinamos *Nešama*; pasaulis *Jecira* pripildytas malonumo, Šviesos, vadinamos *Ruach*; pasaulis *Asija* pripildytas malonumo, Šviesos, vadinamos *Nefeš* (žr. lentelę).

Pasaulis	Pirminė kiekvieno pasaulio Šviesa	Kiekvieno pasaulio sfiros (pirminė sfira paryškinta juodai) ir jas užpildančios Šviesos
Adam Kadmon	Jechida	**Keter (Jechida)** Chochma (Chaja) Bina (Nešama) Tiferet (Ruach) Malchut (Nefeš)
Acilut	Chaja	Keter (Jechida) **Chochma (Chaja)** Bina (Nešama) Tiferet (Ruach) Malchut (Nefeš)
Brija	Nešama	Keter (Jechida) Chochma (Chaja) **Bina (Nešama)** Tiferet (Ruach) Malchut (Nefeš)
Jecira	Ruach	Keter (Jechida) Chochma (Chaja) Bina (Nešama) **Tiferet (Ruach)** Malchut (Nefeš)
Asija	Nefeš	Keter (Jechida) Chochma (Chaja) Bina (Nešama) Tiferet (Ruach) **Malchut (Nefeš)**

Pasauliai atsirado iš Kūrėjo, t. y. ir troškimas gauti malonumą, ir pats juos pripildantis malonumas kilo iš Jo. Bet kiekvienas pasaulis savo ruožtu susideda iš *sfirų*: Keter, Chochma, Bina, Tiferet, Malchut, kurios atitinkamai pripildytos Šviesomis *NaRaNCHaJ* (žr. lentelę).

Be to, kiekvienas pasaulis susideda iš keturių lygių: negyvojo, augmeninio, gyvūninio ir žmogaus. Rūmai (*eichalot*) atitinka „negyvąjį" lygmenį; apvalkalai, rūbai (*levušim*) – „augmeninį"; angelai (*malachim*) – „gyvūninį"; o žmogaus siela (*nešama*) atitinka lygį „žmogus".

Šie lygiai yra vienas kitame kaip koncentriniai apskritimai (arba kaip svogūno lukštai):

- viduje yra *sfira Keter*, daranti įtaką tam tikram pasauliui kaip Kūrėjas;
- iš išorės ją apvelka *nešamot* – žmonių, esančių tame pasaulyje, sielos;
- o po to vienas kitą atitinkamai apvelka *malachim*, *levušim* ir *eichalot*.

Negyvasis, augmeninis ir gyvūninis lygiai yra sukurti dėl ketvirtosios troškimo pakopos – žmogaus sielos. Jie tarytum iš išorės aprengia žmogaus sielą, t. y. jai tarnauja. Nuo gimimo žmogus turi bendros (pirmapradės) sielos dalelę. Ši dalelė – tai taškas širdyje tarp visų mūsų troškimų, egoizmo. Visa, kas sukurta, sudaryta taip, kad bendri dėsniai, veikiantys visuose lygiuose ir visuose pasauliuose, pasireiškia ir kiekvienoje kūrinijos dalyje, net ir pačioje mažiausioje.

Pavyzdžiui, viskas, kas egzistuoja, susideda iš penkių pasaulių arba *sfirų*: Keter, Chochma, Bina, Tiferet ir Malchut. Savo ruožtu kiekvienas pasaulis irgi susideda iš penkių *sfirų* ir kiekvienas, net pats nereikšmingiausias objektas taip pat dalijamas į penkias *sfiras*.

Kaip jau sakyta, mūsų pasaulį sudaro keturi lygiai: negyvasis, augmeninis, gyvūninis ir žmogaus, kurie atitinka *sfiras Malchut, Tiferet, Bina* bei *Chochma* , o jų šaknis yra *Keter*.

Be to, bet kuri negyvojo, augmeninio, gyvūninio ar žmogaus lygio dalis irgi susideda iš keturių lygių (negyvojo, augmeninio, gyvūninio ir žmogaus), atitinkančių troškimo lygio dydį. Taigi pats žmogus taip pat turi keturis troškimo lygius – negyvąjį, augmeninį, gyvūninį ir žmogaus, kurių centre yra jo sielos taškas.

Tačiau, kai žmogus pradeda vykdyti dvasinius įstatymus, net nežiūrėdamas į Kūrėją kaip į viso, kas egzistuoja, valdovą (be reikiamos pagarbos ir baimės, nes Jo nejaučia), ir jeigu nori pats gauti malonumą, tačiau siekia tapti altruistu, – to pakanka, kad tas taškas jo širdyje imtų vystytis, ir žmogus pradėtų jį jausti.

Būtent todėl kabala ir jos metodas, kaip laikytis dvasinių dėsnių, yra tokie nuostabūs. Tad jų studijavimas ir vykdymas net egoistiniais asmeninio dvasinio augimo tikslais apvalys ir palaipsniui pakels mokinį, bet tik iki pirmojo lygmens – negyvojo.

Kiek žmogus dvasinius troškimus vertina labiau nei materialius ir siekia altruizmo, tiek keičia savo norus ir taip kuria ištisą šio pirmojo lygio struktūrą. Tada jo siela pakyla ir apsivelka *Asija* pasaulio *sfirą Malchut*, ir visas žmogaus kūnas atitinkamai jaučia Šviesą (malonumą). Ši Šviesa padeda žengti aukštesnių pakopų link.

Kaip žmogui gimstant dvasiškai jo širdyje yra *Nefeš* lygio sielos Šviesos taškas, taip ir dabar, gimstant visam pasaulio

Asija lygiui *Nefeš*, jis turi kitos, aukštesnės pakopos – *Asija* pasaulio *Ruach* lygio – tašką.

Ir taip kiekviename lygyje: kai žmogus visiškai įvaldo vieną pakopą, tada pereina į kitą, aukštesnio lygio tašką. Tai yra vienintelis žemesniojo ir aukštesniojo ryšys iki pačios aukščiausios pakopos. Šis taškas sudaro galimybę žengti į priekį Kūrėjo link.

Ši *Asija* pasaulio *Nefeš* lygio Šviesa vadinama „*Asija* pasaulio negyvojo lygio Šviesa", nes atitinka ištaisytą negyvąją troškimo dalį žmogaus kūne. Tokio žmogaus veiksmai dvasiniame pasaulyje panašūs į negyvosios gamtos veiksmus materialiame pasaulyje. Abiem atvejais individualaus judėjimo nėra – žmogus tiesiog priklauso visam negyvų objektų ir troškimų masės judėjimui.

Pasaulio *Asija* objektą *Nefeš* sudaro sudedamosios dalys, kaip žmogaus kūno 613 organų atitinka 613 dvasinių įstatymų. Ir kiekviena dalis savaip suvokia (mėgaujasi) Kūrėjo Šviesą. Bet kol kas šie dalių pokyčiai nepastebimi, ir kabalistas jaučia tik bendrą Šviesos įtaką, vienodai plintančią visose dalyse. Ir nors tarp *sfirų* nuo pačios viršutinės (*Keter* pasaulyje *Adam Kadmon*) iki pačios žemiausios (*Malchut* pasaulyje *Asija*) nėra skirtumo, bet žmogaus, gaunančio Šviesą, atžvilgiu skirtumas yra.

Sfiros susideda iš indų ir juos pripildančių Šviesų. Šviesa išeina iš paties Kūrėjo. Indai taip pat vadinami *sfiromis Keter, Chochma, Bina, Tiferet* ir *Malchut*. Paskutiniuose trijuose pasauliuose – *Brija, Jecira* ir *Asija* – šie indai yra filtrai, sulaikantys bei tiksliai matuojantys Šviesos porcijas gavėjui.

Taip kiekvienas gauna tik tam tikrą Šviesos porciją griežtai pagal dvasinio išsivystymo lygį. Nors šviesa juose yra vienoda, bet gavėjo atžvilgiu ją vadiname Šviesomis *NaRaNCHaJ*, nes Šviesa skirstoma pagal filtrų (indų) savybes.

Malchut – pats tankiausias filtras. Iš jos gaunama Šviesa nedidelė, ji skirta ištaisyti tik negyvąją dalį. Todėl ši Šviesa vadinama *Nefeš*.

Tiferet – skaidresnis už *Malchut* filtras, todėl Šviesos porcija, kurią filtras praleidžia nuo Kūrėjo iki mūsų, skirta įdvasinti augmeninę dalį. Ji intensyvesnė nei Šviesa *Nefeš* ir vadinama *Ruach*.

Bina – skaidresnė už *Tiferet*. Ji praleidžia Kūrėjo Šviesą, pakankamą ištaisyti gyvūninę dalį, ir vadinama *Nešama*.

Chochma – skaidriausias filtras, praleidžia Šviesą, kad išaukštintų lygmenį „žmogus". Ši Šviesa vadinama *Chaja* ir jos jėgai nėra ribų.

Kaip jau sakyta, jeigu žmogus (studijuodamas kabalą) pasiekė lygį *Nefeš*, jo viduje jau yra kito lygmens – *Ruach* taškas. O jei ir toliau naudodamas kabalą sieks vykdyti dvasinius dėsnius, įgis noro gauti augmeninį lygį, kai pakylama ir apsivelkama *Asija* pasaulio *sfira Tiferet*. Tai teikia dar stipresnę šviesą – *Ruach*, atitinkančią augmeninį lygį.

Kaip augalai mūsų pasaulyje, skirtingai negu negyvoji gamta, gali patys judėti, taip ir žmogus dvasinio vystymosi pradžioje patiria, kaip jame bunda dvasiniai judesiai ir dvasinės jėgos. O visiškai pasiekus lygį *Ruach*, žmoguje jau egzistuoja kito, *Nešama* lygio taškas.

Studijuodamas kabalos paslaptis žmogus įdvasina gyvūninį savo troškimo lygį ir, kai suformuoja visą indą, pakyla bei apsivelka *sfirą Bina* pasaulyje *Asija* ir gauna į jį Šviesą *Nešama*. Žmogus tokiu atveju vadinamas „švariu gyvūnu", nes apvalė savo gyvūninę dalį.

Toks asmuo tarsi gyvūnas pajaučia visus 613 norų, nes pats

atlieka visus veiksmus kaip kad gyvūnas mūsų pasaulyje. O žmogaus gaunama Šviesa skiriasi taip, kaip mūsų pasaulyje gyvūnai skiriasi nuo augalų.

Kai visiškai įvaldomi 613 troškimų (indo dalys) ir į kiekvieną iš jų gaunama savita malonumą teikianti Šviesa, žmogus ir toliau dirba su savimi. Ši Šviesa naudojama išgryninti ir tą lygmens „žmogus" dalį, kuri kilo iš taško, atsiradusio, kai *Nešama* indas buvo visiškai suformuotas.

Užbaigus formuoti tam tikrą lygmens „žmogus" troškimą, įgyjame galimybę patirti kitų žmonių pojūčius, sužinoti jų mintis. O gaunama Šviesa (malonumas) skiriasi nuo ankstesnės pakopos Šviesos, kaip mūsų pasaulyje žmogus skiriasi nuo gyvūno.

Tačiau visi penki lygiai – tai tik *Asija* pasaulio *NaRaNCHaJ* malonumai, t. y. Šviesa *Nefeš*. Jame nėra net *Ruach*, nes *Ruach* – tai Šviesa *Jecira* pasaulyje, *Nešama* – Šviesa *Brija* pasaulyje, *Chaja* – Šviesa *Acilut* pasaulyje, o *Jachida* – Šviesa *Adam Kadmon* pasaulyje. Bet tai, kas būdinga visumai, yra ir kiekvienoje visumos dalyje, kitaip tariant, šios penkios Šviesos rūšys yra ir pasaulyje *Asija*, tačiau bendras jų lygis yra *Nefeš* – pats mažiausias, negyvasis lygis.

Jecira pasaulyje šios penkios Šviesos rūšys yra bendro *Ruach* lygio, *Brija* pasaulyje *NaRaNCHaJ* yra *Nešama* lygio, *Acilut* pasaulyje – *NaRaNCHaJ Chaja* lygio ir *Adam Kadmon* pasaulyje – *NaRaNCHaJ Jechida* lygio. O skirtumas tarp pasaulių atitinka skirtumą tarp *NaRaNCHaJ* lygių *Asija* pasaulyje.

Taigi viskas priklauso nuo norinčiojo suvokti Aukštesnįjį pasaulį dvasinio lygio. Žmogus suvienodina savo dvasines savybes su pasaulių savybėmis ir dėl to tampa integralia jų dalimi. Tai paaiškina, kodėl sukurti visi pasauliai ir kam žmogui jų reikia.

Juk mums būtų neįmanoma pasiekti Kūrėją be nuoseklaus kopimo kiekvieno pasaulio *NaRaNCHaJ* pakopomis. Be to, suvokdamas tam tikrą lygį žmogus jaučia Šviesą (malonumą), o tai padeda jam toliau naikinti norą mėgautis dėl savęs, kol prieis kūrimo tikslą – prilygs Kūrėjui, susilies su Juo.

Svarbu suprasti, kad šis *NaRaNCHaJ* – tai penkios dalys, į kurias skaidoma visa, kas sukurta. Ir tai, kas veikia bendroje sistemoje, veikia ir menkiausioje jos dalyje. Taigi net pats žemiausias *Asija* pasaulio lygis susideda iš penkių dalių, jo atskirų *NaRaNCHaJ*. Nes ir pats menkiausias troškimas susideda iš penkių dalių: *Keter* – Kūrėjo atstovas, *Chochma, Bina, Tiferet, Malchut* – paties kūrinio keturi lygiai. Maža to, jį nukreipiantis malonumas taip pat susideda iš penkių Šviesų *NaRaNCHaJ*.

Taigi net *Asija* pasaulio dvasiškai negyvo lygio Šviesos neįmanoma pasiekti be keturių suvokimo tipų. Nė vienas neišvengs kabalos studijavimo ir dvasinių įstatymų vykdymo galvojant apie kitų žmonių bei Kūrėjo gerovę. Ir nė vienas nepasieks *Ruach* ar *Nešama* lygio nestudijuodamas kabalos paslapčių.

Mūsų karta dar skendi tamsoje. Tačiau priežastis aiški: susilpnėjo tikėjimas apskritai ir konkrečiai – išminčių išmintimi. O akivaizdžiausia nuosmukio priežastis ta, kad šiuolaikinėse kabalos knygose apstu šiurkščių, sudaiktintų aprašymų.

Todėl atsirado visapusiško knygos „Zohar" komentaro būtinybė. Šis komentaras vadinamas „Sulam" (Laiptai), nes padeda studijuojančiajam lipti pakopomis ir pasiekti dvasines aukštumas. Viskas priklauso nuo žmogaus noro pasiekti pasaulių sukūrimo gelmes ir savo vietą tuose pasauliuose.

Kabalos paskirtį galima paaiškinti tokiu pavyzdžiu:

Tolimoje karalystėje vienas pavaldinys pažeidė griežtą įstatymą ir karaliaus įsakymu buvo ištremtas iš šalies. Jis buvo atskirtas nuo draugų, šeimos, nuo visų, kas jam buvo brangūs. Iš pradžių naujojoje vietoje jam buvo labai liūdna. Bet pamažu jis priprato, kaip ir prie visko gyvenime, o greit ir visai pamiršo, kur ir kaip gimė, gyveno, kad buvo ištremtas ir apskritai pamiršo, kad kažkada buvęs kažkur kitur. Naujojoje vietoje pasistatė namus, susirado draugų ir t. t. Bet štai kartą pakliuvo jam į rankas knyga apie tą senąją karalystę – ir jis atsiminė, kur ji ir kaip puiku ten buvo gyventi. Išstudijavęs knygą jis suprato, už ką jį ištrėmė ir kokiu būdu galima ten sugrįžti.

Karalystė – tai dvasinis pasaulis, kur viskas puiku tiems, kurie vykdo Didžiojo Karaliaus – Kūrėjo įstatymus. Tremties vieta – mūsų pasaulis. Knyga, kurios padedamas kiekvienas mūsų gali prisiminti tai, kas užmiršta, t. y. sielos namus, suprasti, kodėl yra ištremtas, ir galiausiai sugebėti sugrįžti į gimtąją vietą, – tai knyga „Zohar"!

Bet jeigu knyga „Zohar" tokia svarbi, kad gali padėti suvokti Aukštesniuosius pasaulius, pamatyti, pajausti sielų pasaulį ir patį Kūrėją, kodėl gi iki mūsų laikų ji buvo paslėpta – nuo tada, kai buvo užrašyta, iki Ari kabalos metodikos atsiradimo?

Atsakymą randame pačioje kabaloje: pasaulis per 6000 savo egzistavimo metų yra viena struktūra, sudaryta iš 10 *sfirų*, kur *Keter* nurodo Kūrėjo įtaką, o kitos *sfiros* skirstomos į tris grupes:

- galvos – *Chochma, Bina, Daat;*
- vidurio – *Chesed, Gvura, Tiferet;*
- galūnių – *Necach, Hod, Jesod.*

6000 metų taip pat skirstomi į tris dalis:
- 2000 metų – tamsa;
- 2000 metų – parengiamasis laikotarpis;
- 2000 metų – Mesijo laikmetis.

Keter	–	Kūrėjo įtaka
Chochma Bina Daat	–	Tamsa 0 – 2000 (galva)
Chesed Gvura Tiferet	–	Parengiamasis laikotarpis 2000 – 4000 (vidurys)
Necach Hod Jesod	–	Mesijo laikmetis 4000 – 6000 (galūnės)

Pirmieji 2000 metų priskiriami galvos grupei, tai reiškia, kad buvo gaunama maža Šviesa (*Nefeš*), nes tarp *sfirų* ir jas pripildančios Kūrėjo Šviesos yra atvirkštinė priklausomybė: iš pradžių atsiranda pirmoji grupė, didžiosios *sfiros*: *Chochma, Bina, Daat*, bet jos pripildytos mažos Šviesos. Šis pirmasis 2000 metų laikotarpis vadinamas tamsa.

O per kitus 2000 pasaulio metų, kai vystosi antroji *sfirų* grupė (*Chesed, Gvura, Tiferet*), Šviesa *Nefeš*, kurios buvo prisipildžiusi pirmoji *sfirų* grupė, nusileidžia į antrąją, o į pirmąją įeina šviesa *Ruach* – kabalos Šviesa. Šie 2000 metų, ėję po tamsos laikotarpio, vadinami kabalos laikmečiu.

Trečioji *sfirų* grupė: *Necach, Hod, Jesod* apima paskutiniuosius 2000 metų, čia nusileidžia Šviesa *Nefeš* iš antrosios grupės, Šviesa *Ruach* iš pirmosios grupės leidžiasi į antrąją, o į pirmąją grupę įeina Šviesa *Nešama*.

Iki trečiosios *sfirų* grupės atsiradimo visa kabala, o svarbiausia – knyga „Zohar" buvo paslėpta. Ari atvėrė mums knygą „Zohar", o jo komentarai nurodė kelią, kaip suvokti dvasinį pasaulį. Ari mirė dar nepasibaigus laikotarpiui, t. y. ne visa Šviesa įėjo į trečiąją grupę, todėl kabalą galėjo studijuoti tiktai ypatingos sielos be teisės atskleisti jos esmę visam pasauliui. Bet mūsų laikais, baigiantis trečiajam laikotarpiui, nusipelnėme tokio visapusiško knygos „Zohar" komentaro kaip „Laiptai" ir sisteminio kabalos mokslo vadovėlio, pavadinto *„Talmud Eser Sfirot"* (TES; „Mokymas apie dešimt *sfirot"*).

Nors žmonių, gyvenusių pirmąjį ir antrąjį dutūkstantmetį, sielos buvo labai tyros ir atitiko aukštąsias *sfiras* (Chochma, Bina, Daat, Necach, Chod, Jesod ir Chod), jos nesugebėjo gauti jas atitinkančios Šviesos, nes ji dar nepasiekė mūsų pasaulio. Šiais laikais į mūsų pasaulį nusileidžia pačios egoistiškiausios sielos ir apie tai liudija įvykiai pasaulyje, bet būtent jos užbaigia visą struktūrą. Aukščiausioji Šviesa įeina į tyrąsias sielas, jau išėjusias iš mūsų pasaulio į Aukštesniuosius pasaulius, bet jų Šviesa pasiekia mus kaip supančioji Šviesa.

Nors pirmosios kartos sielos savo kokybe pranoksta šių laikų sielas, nes tyresnės sielos pirmiau atsiranda mūsų pasaulyje, kabalos mokslas, jo vidinė, paslėptoji dalis (kaip, beje, ir kiti mokslai) atskleidžiami paskutinėms kartoms, nes tai priklauso nuo Šviesos intensyvumo.

Kuo egoistiškesnės sielos, tuo didesnė Šviesa atsiskleidžia ir įeina į mūsų pasaulį, nes žemesnė Šviesa gali nusileisti iš aukštesnių į žemesnes *sfiras* (sielas), o į atsilaisvinusias vietas viršutinėse *sfirose* (sielose) įeina Aukštesnė Šviesa.

Išsitaisymas susijęs su *sfiromis* (sielomis), o mintys (ketinimas) siejamos su į sielas įeinančia Šviesa. Ta pati atvirkštinė priklausomybė yra ir tarp *sfirų* (sielų) bei Šviesos: kūrimas prasideda nuo aukštesnių *sfirų*, užpildomų žemesne Šviesa, o baigiasi žemesnėmis *sfiromis* (sielomis), kurios užpildomos Aukštesne Šviesa. Taigi būtent egoistiškiausios sielos, tinkamai studijuodamos kabalą, atskleidžia Aukščiausiąją Šviesą.

Knygos „Zohar" ir pačios kabalos studijavimas – išeities taškas, norint ištaisyti visą pasaulį ir pasiekti absoliučią ramybę bei laimę.

XI

Iš „Įvado į Mokymą apie dešimt *sfirot*"

„Įvade į Mokymą apie dešimt *sfirot*" Baal Sulamas (Jehudis Ašlagas) aiškina, kad svarbiausias jo noras – sugriauti geležinę sieną, skiriančią mus nuo kabalos, idant šis mokslas galutinai neišnyktų iš mūsų pasaulio. Tačiau egzistuoja daug argumentų prieš šio mokslo studijavimą, nes nėra žinoma šio mokslo esmė ir paskirtis.

Baal Sulamas aiškina, kad jei paklausime savęs „Kokia to neilgų, karčių, kartais sunkių, rūpesčių kupinų gyvenimo metų prasmė? Kas gali mėgautis juo? Ko iš mūsų reikalauja Kūrėjas?", tai kurgi tada slepiasi atsakymai į šiuos klausimus?

Galiausiai jis teigia, kad kabala į tai atsako: „...paragaukite ir pamatysite, koks nuostabus Kūrėjas" (turima galvoje – studijuodami kabalą pajausite Kūrėją). Išvysite, jog Jis absoliučiai geras ir sukūrė viską tik dėl mūsų, o kad pasiektume tai, davė mums kabalą. Beje, pajausite visa tai gyvendami šiame pasaulyje. Kabala ragina mus „pasirinkti gyvenimą", t. y. gerovę, o ne mirtį – kartų, betikslį egzistavimą. Ir pasakyta – „pasirink", tai reiškia, kad mums duota teisė rinktis.

Kaip išaiškinome ankstesniuose straipsniuose, ši pasirinkimo teisė galioja renkantis vieną iš dviejų kelių į jau nulemtą tikslą: dvasinio tobulėjimo kelią (kabalos kelią) arba kančių kelią. Galutinis tikslas – sunaikinti egoizmą ir įgyti meilės, davimo prigimtį.

Kaip to galima pasiekti? Pasakyta: „Miegok ant žemės, maitinkis tik duona ir vandeniu – ir būsi laimingas tiek šiame, tiek kitame pasaulyje". Taip galima įgyti dvasinę prigimtį, susilieti su Aukštesniaisiais pasauliais – ir tik tada pajausti visą Kūrėjo gėrį.

Tačiau šiuo keliu tikslą gali pasiekti tik ypatingos asmenybės (sielos). Ir todėl mums duotas dar vienas kelias – kabalos. Joje esanti Šviesa veikdama sielą pertvarko ją reikiama kryptimi. Tai kelias suvokiant širdimi ir protu, o ne patiriant fizines kančias.

Tačiau kabalos Šviesa veikia tik ištikimus ir atsidavusius Kūrėjui, tik tuos, kurie tiki gerais Jo veiksmais. Svarbiausia šiame kelyje – tikėjimas Kūrėju (Kūrėjo jautimas), kuris matuojamas žmogaus atiduodamu laiku ir jėgomis.

Taigi uždavinys – pasiekti maksimalų įsitikinimą Kūrėjo jėga, globa ir meile tiems, kurie eina Jo link. Šį tikėjimą žmogus gali gauti tik studijuodamas kabalą. Pagrindinė kabalos jėga yra ta, kad joje tiesiogiai studijuojami Kūrėjo veiksmai, ir todėl iš jos ateinanti Aukščiausioji Šviesa yra intensyvi ir greitai ištaiso žmogų.

Kabalos mokslas susideda iš 2 dalių: slaptosios – niekur neaprašytos, perduodamos žodžiu, ir atvirosios – išdėstytos daugelyje knygų. Žmogus turėtų studijuoti atvirąją dalį, nes tik nuo jos priklauso, ar bus pasiektas tikslas.

Aukščiausioji Šviesa teigiamai veikia tik tuo atveju, jei studijuojančiojo kabalą tikslas – išnaikinti savo egoizmą ir susilieti su Kūrėju. Studijuojant kabalą neįmanoma iš karto nusiteikti reikiamam tikslui, bet jo nuolat turi būti siekiama mokantis. Tai ypač tinka studijuojant dvasinius pasaulius ir Kūrėjo veiksmus. Taip mokiniui lengviau laikytis minties, noro susilieti su tuo, ką studijuoji.

Juk mūsų nutolimas nuo dvasinio pasaulio yra visų skausmų, negandų, kančių ir betikslio egzistavimo priežastis. Nesupratimas, kaip valdomas pasaulis, nepajėgumas jausti Kūrėją, neleidžia mums suvokti Jo valdymo. Jei pasaulio valdymas būtų akivaizdus, ir atlygis ar bausmė sektų iškart po poelgio, visi būtų teisuoliai.

Taigi vienintelis dalykas, kurio mums trūksta, – aiškus valdymo jautimas. Valdymo suvokimas atsiskleidžia keturiomis stadijomis:

- dviguba Kūrėjo veiksmų paslėptis;
- paprasta paslėptis;
- priežasties ir pasekmės, atlygio ar bausmės suvokimas;
- absoliutus suvokimas, kai tampa aišku, jog viskas, kas gera ir kas bloga, yra tik kūrinių gerovei.

Įprastinė, pradinė žmogaus būsena – dviguba Kūrėjo paslėptis, kai žmogus nemato pasaulyje jokių Kūrėjo buvimo pasekmių ir tiki gamta. Paprastoji paslėptis yra tokia būsena, kai dėl nepakankamo artumo Kūrėjui žmogų persekioja nelaimės ir jis tiki, jog tai yra tiek jo poelgių, tiek Kūrėjo valdymo rezultatas. Šiuo atveju žmogus tiki Aukštesniojo Valdymo egzistavimu.

Šios dvi būsenos ir nulemia žmogaus darbą artėjant prie Kūrėjo, nes dėl Kūrėjo paslėpties atsiranda valios laisvės galimybė. Kai žmogus savo tikėjimu (jautimu) artėja prie Kūrėjo, siekdamas matyti Jį kiekviename veiksme, Kūrėjas palaipsniui jam atsiskleidžia. Tuomet žmogus aiškiai pamato pasaulio valdymo priežastis bei pasekmes – ir tada jau naikina egoizmą, aiškiai įsisąmoninęs, kad tai būtina ir labai naudinga. Ir, žinoma, jis nebegali grįžti atgal, nes mato, jaučia ir numano bausmę.

Toliau tyrindamas save, jis pasiekia absoliučios abipusės meilės su Kūrėju lygį ir visiškai Jį suvokia. Tai ir yra kiekvieno galutinis tikslas, kuriam buvo sukurti visi pasauliai, juos valdančios jėgos ir tie, kas juose įsikūrę.

Parašyta: „Suvok savo pasaulį, išvysk jį dar būdamas gyvas". Tai atlygis už ilgą ir sunkų kelią patamsiais, Kūrėjo paslėptyje, kai laisvos valios pastangomis, priešindamasis prigimčiai ir visuomenei, ieškodamas Kūrėjo, žmogus įveikia barjerą tarp mūsų ir dvasinio pasaulių. Ir kuo didesnius sunkumus bei atstumą tenka įveikti, tuo stipresnė pasiekta abipusė meilė.

Studijuojant kabalą reikia be perstojo siekti šio tikslo – tik tada pasiseks. Kitaip kabalos studijavimas atsisuks prieš žmogų ir tik padidins jo egoizmą. Štai kodėl mums, nutolusiems nuo Kūrėjo, taip svarbu studijuoti kabalą, kuri aprašo Kūrėjo veiksmus, mintis bei tikslus. Ji padeda mums artimiau Jį pažinti, o pažinus pamilti ir Jo siekti. Nors visi pradedame nuo labiausiai nutolusio taško, kiekvienas privalome pasiekti meilės ir visiško Kūrėjo suvokimo lygį.

Pati Kabala nuo jos sukūrimo *Acilut* pasaulio lygyje iki įteikimo mums buvo daugybę kartų nuosekliai perdaryta. Bet jos esmė nesikeičia. Kuo žemesnis kūrinių lygis, tuo didesnę reikšmę ji jiems turi, padėdama išsilaisvinti iš vidinių troškimų sukaustyto kūno.

Mūsų pasaulyje kabala paslėpta po apvalkalais (gamta, gyvos būtybės ir laikas), kurie valdomi iš *Acilut* pasaulio.

Šie apvalkalai – mūsų kančių šaltiniai, nes būtent jie slepia valdymo sistemą.

Apvalkalai ir slepiama pasaulių *Brija, Jecira, Asija* dalis yra vadinami kabala, o mūsų pasaulio apvalkalas vadinamas „atskleistu mokslu". Kol žmogus neišėjo į *Jecira* pasaulio apvalkalą, kad ir ką studijuotų, jis užsiima paslėptąja kabalos dalimi. Bet kai žmogus įeina į *Jecirą* pasaulį, jam atsiskleidžia kabala ir beprasmiškus vardus pakeičia Šviesa.

Taigi žmogus pradeda studijuoti kabalą nuo paslapties, kol galiausiai ji virsta tikrove. Tai atitinka dvigubą ir paprastąją Kūrėjo paslėptis *Asija* pasaulyje iki atskleidimo *Jecira* pasaulyje, meilės Kūrėjui pasiekimo *Brija* pasaulyje ir visiško susiliejimo absoliučioje meilėje *Acilut* pasaulyje. Kad pagelbėtų nuosekliai, neskausmingai ir iš tikrųjų suvokti Kūrėją, yra parašyta didžiojo Ari knyga „Gyvybės medis".

XII

Kabalos paslapčių atskleidimo sąlygos

Yra trys priežastys kabalai įslaptinti:
- „Nėra būtina";
- „Neįmanoma";
- „Asmeninė Kūrėjo paslaptis".

Ir nėra kabaloje smulkiausios detalės, kuri vienu metu neturėtų visų trijų draudimų.

Draudimo „nebūtina atskleisti" esmė ta, kad atskleidimas neatneš jokios naudos, atskleisti reikėtų tik dėl aiškios naudos visuomenei. Žmonės, gyvenantys pagal principą „tai kas?" (darau, ką darau, ir nieko čia blogo), užsiima ir verčia kitus užsiimti nebūtinais reikalais. Jie pasaulyje sukelia kančias. Todėl kabalistai į mokinius priimdavo tik tuos, kurie sugebėjo saugoti paslaptį ir neatskleisti jos, jeigu nereikia.

Draudimas „neįmanoma" kyla iš negalinčios perteikti subtilių dvasinių sąvokų kalbos ribotumo. Kadangi visi žodiniai bandymai pasmerkti nesėkmei ir veda prie apibendrinimų, tik suklaidinsiančių besimokantįjį, tad šioms paslaptims atskleisti reikalingas specialus leidimas iš Aukščiau.

„Leidimas iš Aukščiau" apibūdintas didžiojo kabalisto Ari veikaluose: „Žinok, kad didžiųjų kabalistų sielos pripildytos Išorinės (supančios) arba Vidinės (užpildančios) Šviesos. Sieloms, užpildytoms supančios Šviesos, duota dovana atskleisti paslaptis žodžiais, kad tik verti juos suprastų."

„Didžio kabalisto Rašbi (II a.), parašiusio knygą „Zohar", siela buvo pripildyta supančios Šviesos, ir todėl jis turėjo galios taip aiškinti pasaulio paslaptis, kad net dideliame susirinkime suprasdavo tik tie, kurie buvo verti. Todėl tik jam iš Aukščiau buvo leista parašyti knygą „Zohar". Nors iki jo gyvenę kabalistai žinojo daugiau, bet nebuvo apdovanoti gebėjimu dvasines sąvokas įvilkti į žodžius, kaip kad mokėjo jis."

Iš to matyti, kad kabalos atskleidimo sąlygos priklauso ne nuo kabalisto žinių lygio, o nuo jo sielos savybių, ir tik dėl to kabalistas gauna nurodymus iš Aukščiau atverti tam tikrą kabalos dalį.

Todėl iki knygos „Zohar" nerasime nė vieno fundamentalaus kabalistinio veikalo. O ir esamuosiuose tėra miglotos, nesistemingos užuominos. Po Rašbi tik Ari buvo leista atskleisti dar vieną kabalos dalį. Nors tikėtina, jog iki Ari gyvenusių kabalistų žinių lygis buvo gerokai aukštesnis, tačiau jie negavo leidimo iš Aukščiau.

Draudimas „Asmeninė Kūrėjo paslaptis" reiškia, kad kabalos paslaptys atskleidžiamos tik ištikimiems ir Jį garbinantiems. Ir tai svarbiausia priežastis nuo plataus žmonių rato saugoti šią kabalos paslaptį. Daug sukčių pasitelkdavo kabalą savo reikmėms: viliojant neišmanėlius pranašavimais, amuletais, nužiūrėjimo šalinimu ir kitais „stebuklais".

Iš pradžių kabala buvo slepiama būtent dėl šios priežasties. Ir todėl tikrieji kabalistai naudojo griežtas priemones tikrinti mokinius. Tai paaiškina, kodėl kiekvienos kartos išrinktieji, prileisti prie kabalos, būdavo griežčiausiai prisaikdinami neatskleisti net menkiausios detalės, kuriai galioja anksčiau išvardyti trys draudimai.

Nereikia manyti, kad šie trys draudimai į tris dalis skirsto pačią kabalą. Priešingai, šios trys tikrosios prasmės slėpimo sąlygos galioja kiekvienai kabalos daliai, žodžiui, sąvokai ar apibrėžimui ir nuolat veikia šiame moksle.

Kyla klausimas: „Jeigu šis slaptas mokslas buvo taip kruopščiai slepiamas, kaip atsirado šitiek daug kabalistinių veikalų?" Atsakymas toks: du pirmieji draudimai skiriasi nuo trečiojo, kuris yra visų griežčiausias. Pirmieji du nėra visada galiosiančios sąlygos, nes priklauso nuo išorinių socialinių priežasčių. Sąlyga **„nebūtina atskleisti"** kartais gali virsti į **„būtina atskleisti"**. Vystantis žmonijai arba gavus leidimą (Rašbi, Ari ir kitų kabalistų atveju) ėmė atsirasti tikrosios kabalistinės knygos.

XIII

Pagrindinės kabalistinės sąvokos

Kabala – Kūrėjo atskleidimo kūriniams, esantiems mūsų pasaulyje, metodas, kelias. Žodis *kabala* kilęs iš hebrajų kalbos žodžio *lekabel* – „gauti". Gyvenančiųjų šiame pasaulyje tikslas – gauti visą tą begalinį malonumą, dėl kurio ir buvo sukurta visa kūrinija.

Artimo jautimas – visoje gamtoje yra būdingas tik žmogui. Jis sukelia pavydą kitam, skausmą dėl kito, gėdą, dvasinio pakilimo jausmą. Gebėjimas jausti kitus mums duotas tam, kad vystydami jį pajaustume Kūrėją.

Kūrėjo jautimas – reiškia, kad kiekvienas jaučia Kūrėją taip, kaip dabar jaučia savo artimą. Pasakyta, kad Mozė kalbėjo su Kūrėju „veidas į veidą". Tai reiškia, kad jis visiškai suvokė Kūrėją, ir ryšys su Juo buvo toks artimas kaip su draugu.

Veiksmo pabaiga nulemta pradinės minties: kaip žmogus, statantis namą, pirmiausia sukuria jo projektą ir veikia pagal jį, kad pasiektų galutinį rezultatą, taip ir visi žmogaus veiksmai yra nulemti galutinio, iš anksto žinomo tikslo. Supratus galutinį kūrimo tikslą, mums pasidaro aišku, jog visko, kas sukurta, valdymo keliai atitinka galutinį tikslą. Valdymo tikslas – laipsniškai išvystyti žmoniją iki gebėjimo jausti Kūrėją taip, kaip jaučiame šio pasaulio kūrinius.

Iš apačios į viršų – laipsniškas dvasinio pasaulio suvokimo kelias. Jį sudaro žmogaus vystymasis iki tokios būsenos, kai kitą jauti kaip save, o dvasinius objektus suvoki aiškiai kaip materialius, ir taip visose pakopose iki pat Kūrėjo. Tokia tvarka žmogus suvokia Kūrėją, kildamas tomis pačiomis pakopomis, kaip ir buvo kuriama „iš viršaus į apačią". Kitaip tariant, kelias jau parengtas. Atskleisdami vis aukštesnes pakopas iki galo atskleidžiame ir atitinkamas žemesnes pakopas.

Iš viršaus į apačią – pasaulių kūrimo tvarka: dvasinių pasaulių ir mūsų, galutinio, materialaus pasaulio.

Kūrimo dėsnių vykdymas – mintis ir noras suprasti kūrimo sumanymą yra būdas dvasiniam tobulumui pasiekti.

Laikotarpiai kabaloje. Nuo kūrimo pradžios iki antrosios Šventyklos sugriovimo kabalistai „atvirai" studijavo kabalą. Visos dvasinės jėgos buvo aiškiai suvokiamos šiame pasaulyje ir žmonių ryšys su dvasiniais pasauliais buvo artimesnis bei svarbesnis, ypač dėl Šventyklos ir joje atliekamų veiksmų.

Kadangi visuomenės moralė nusmuko, tapome neverti (t. y. tapome skirtingų savybių) ir netekome gebėjimo jausti dvasinius pasaulius. Todėl Šventykla buvo sugriauta ir prasidėjo tremties laikotarpis. Kabalistai ir toliau paslapčia studijavo ir kabalą laikė neprieinama „nevertiesiems".

Knygoje „Zohar" pasakyta, kad Kūrėjas norėjo, jog Jo išmintis ne iškart atsiskleistų pasauliui, o tik tada, kai pasaulis artės prie Mesijo laikmečio, tuomet net vaikai atskleis Jo paslaptis. Žmonės galės numatyti bei tirti ateitį, ir tada Jis atsiskleis visiems.

Rašbi buvo paskutinis „iki tremties laikotarpio" kabalistas, todėl gavo leidimą iš Aukščiau parašyti knygą „Zohar".

Beveik penkiolika amžių kabala buvo paslėpta, kol neatsirado didis Ari (Izaokas Lurija, XVI a.), suvokęs visą kabalą ir savo darbais atvėręs mums „Zohar": „...per šešis šimtus šeštojo tūkstantmečio metų atsivers viršuje išminties šaltiniai ir pasipils į apačią..."

Kabalistas Azulajus (VI a.) viename senųjų rankraščių rado, kad „praėjus 5300 metų [t. y. 1539 metais] nuo pasaulio sukūrimo kabalą atvirai galės studijuoti visi, suaugusieji ir vaikai, ir dėl to ateis Mesijas".

Kad gyvename dienų pabaigoje liudija tai, jog mūsų laikais atsirado didis kabalistas Jehudis Ašlagas (Baal Sulamas) ir paaiškino visą kabalą suprantama kalba, naudodamas tinkamą mūsų sieloms metodą.

Kabalos mokslo ypatumas tas, kad ji apima visas žinias apie mūsų pasaulį (t. y. visus mokslus su visomis dar neatskleistomis žiniomis) ir jo elementus, nes nagrinėja šaknis, iš kurių mūsų pasaulis atsirado ir yra valdomas.

Siela – kiekvieno jaučiamas savo „aš", kuris, detaliau panagrinėjus, dalosi į mūsų kūną, į jėgą, suteikiančią kūnui gyvybę („gyvūninę" sielą), taip pat į jėgą, traukiančią į dvasingumą (dvasinę, dievišką sielą), kurios dvasiškai neišsivystęs žmogus praktiškai neturi.

Žmogaus kūnas ir jo „gyvūninė" siela – tai mūsų pasaulio produktai. Jų pakanka, kad jutimo organais pažintume šį pasaulį. Ugdydami dvasinę sielą įgauname gebėjimą jausti anapus savojo „aš". Tai nutinka, kai paneigus egoistinį „aš" atsiranda altruistinis „aš". Tada pradedame jausti aukštesnius dvasinius virpesius, kol išvystome savo dvasinę sielą iš „taško" iki jai būdingų „dydžių".

Vidinė kabalos esmė - tai Kūrėjo Šviesos, kuri išeina iš Jo ir pagal tam tikrus dėsnius ateina iki mūsų, tyrimas.

Šakų ir šaknų dėsnis – tai dėsnis, kuris nusako už visos kūrinijos augimą ir vystymasi atsakingų jėgų veikimą. Kabaloje sakoma: „Nėra apačioje grūdelio, kuris viršuje neturėtų angelo, mušančio jį ir raginančio augti".

Šakų kalba padeda atskleisti informaciją apie tai, kas vyksta kituose pasauliuose.

Kūriniai, gyvenantys tam tikrame pasaulyje, suvokia to pasaulio objektus vienodai ir dėl to gali keistis informacija vartodami savo kalbą. Apie tai, kas vyksta kituose pasauliuose, galima papasakoti vartojant tą pačią kalbą, bet reikia turėti galvoje, jog kalbama apie kito pasaulio objektus, pasaulio, kuris atitinka mūsų pasaulį. Tokia kalba ir yra parašyta kabala.

Visi pasauliai panašūs vienas į kitą, skiriasi tik medžiaga, iš kurios jie sudaryti – kuo pasaulis aukštesnis, tuo „tyresnė" jo materija. Tačiau jų veikimo dėsniai bei formos vienodos, kiekvienas paskesnis pasaulis yra pirmesnio (savosios šaknies) tiksli kopija (šaka).

Apgyvendinantieji tam tikrą pasaulį sugeba jausti tik jo ribose, nes jutimo organai jaučia tik to pasaulio medžiagą. Tik žmogui suteikta galimybė suvokti visus pasaulius vienu metu.

Suvokimo pakopos – nuoseklūs Kūrėjo jautimo lygiai, sudarantys tarsi laiptus iš mūsų pasaulio į dvasinį. Žemiausia šių laiptų pakopa vadinama *„machsomu"* (barjeru). Ji taip aklinai nuo mūsų slepia visas dvasines jėgas, kad visiškai jų nejaučiame, tad gyvenimo Šaltinį ir prasmę bandome surasti savo pasaulyje.

Šviesa dvasiniuose pasauliuose – informacijos, jausmų, malonumo perdavimas yra realizuojamas skleidžiantis arba išnykstant dvasinei jėgai, kuri įvardijama Šviesa (pagal analogiją su šviesa mūsų pasaulyje, kuri teikia gyvybę ir šilumą, arba su minties, aiškumo šviesumu, prašviesėjimu).

Teisė egzistuoti – kiekvienas objektas (reiškinys) mūsų pasaulyje, nesvarbu – geras ar blogas, net ir žalingiausias, turi teisę egzistuoti. Tačiau mums suteikta galimybė taisyti ir tobulinti. Mūsų pasaulyje nėra nieko nereikalingo. Viskas sukurta žmogaus labui tiesiogine (geri dalykai) arba netiesiogine prasme (blogi dalykai). Taigi taisydami save neutralizuojame bet kokį žalingą poveikį.

Išsitaisymas – Kūrėjas nebaigė kurti mūsų pasaulio. Mums skirta užduotis jį pabaigti ir padaryti tobulą. Šį pasaulį mes matome kaip kartų, neprinokusį vaisių. Jo ištaisymas, „pasaldinimas" yra mūsų uždavinys ir tikslas.

Du išsitaisymo keliai:

Kabalos (Šviesos) keliu vadinamas dvasinių dėsnių laikymasis siekiant išsitaisyti. Jis labiau vertinamas Kūrėjo, nes Jo tikslas suteikti kūriniams džiaugsmą visuose egzistavimo lygmenyse. Taip nejaustume vaisiaus kartumo.

Kančių kelias – bandymų ir klaidų kelias, kuriuo eidama per tam tikrą laikotarpį (6000 metų) žmonija vis tiek įsisąmonins būtinybę vykdyti kūrimo įstatymus.

Atlygis – malonumas (prinokusio vaisiaus skonis). Žmogus pajėgus daryti įtaką tik sau ir niekam aplinkui. Todėl išsitaisymas galimas tik kiekvienam tobulinant save.

Kabalistas – bet koks žmogus mūsų pasaulyje, kuris tampa panašus į Kūrėją. Studijuodami ir laikydamiesi dvasinių dėsnių galime dvasiškai išsivystyti iki tokio lygio, kad tampame dvasinių pasaulių dalimi.

Malonumas – įmanoma pajausti, tik turint norą ir siekį. Noras galimas su sąlyga, kad malonumas yra žinomas. Siekis galimas tik tada, kai konkrečiu momentu malonumo nėra. Kas neišėjo iš kalėjimo, nesimėgauja laisve, kas neserga, nežino, ką reiškia sveikata. Ir norą, ir siekį mes gauname iš Kūrėjo.

Vienintelis kūrinio jausmas – trūkumo jausmas. Kūrėjas šito neturi. Kuo labiau žmogus išsivystęs, tuo stipriau jaučia stygių. Vaikų ir paprastų žmonių trūkumo jausmas gana ribotas. Tikras žmogus nori viso pasaulio, o išminčius trokšta ne tik mūsų, bet ir visų kitų pasaulių. Noro ir siekio derinys kabaloje vadinami *kli* (indu). O pats malonumas – *Or* (Šviesa) išeina iš Kūrėjo.

Malonumo jautimas – Šviesa įeina į indą (yra jo jaučiama) priklausomai nuo indo ir Šviesos savybių panašumo. Kuo šios savybės artimesnės, tuo didesnis indo gebėjimas daryti teigiamą įtaką, mylėti, teikti džiaugsmą ir tuo mažesnis jo noras gauti. Kuo indas arčiau Šviesos, tuo didesnį Šviesos kiekį ir malonumą jis jaučia.

Egzistavimas dvasiniuose pasauliuose. Mūsų gebėjimas pajausti Kūrėją (Šviesą) priklauso tik nuo mūsų (nes kiekvienas mūsų – indas) artumo (savybių atitikimo) Jam. Kol indas turi nors ir nedidelį norą duoti, galvoti apie kitus, kentėti dėl jų, mylėti ir padėti kitiems ignoruodamas savo paties norus, tol jis yra dvasiniuose pasauliuose, – kuriame iš jų, priklauso nuo jo savybių.

Blogio įsisąmoninimas. O jei noro duoti inde nebėra, laikoma, jog jis jaučiasi esąs mūsų pasaulyje. Toks indas vadinamas žmogaus kūnu, kurio vienintelis noras – rūpintis savimi. Mes nė neįsivaizduojame, ką reiškia visiškai be atlygio ką nors dėl kito daryti. Įsisąmonindami blogį (tiksliai ir griežtai save analizuodami) galime suprasti, kad dėl kitų ničnieko negalime padaryti nesavanaudiškai.

Indo tobulumas – indas (*kli*) yra sukurtas taip, kad jame yra visų Šviesoje esančių malonumų troškimai. Dėl noro susitraukimo ir indo sudaužymo susiformavo tam tikras atskirų indų skaičius. Kiekvienas jų keliauja iš vienos būsenos (pasaulio) į kitą ir galiausiai atsiskiria (miršta). Gyvendami šiame pasaulyje turime savo indų savybes prilyginti Šviesos savybėms, gauti atitinkamą Šviesos porciją ir vėl susijungti su visais kitais indais (sielomis), kad suformuotume vieną bendrą indą, visiškai pripildytą Šviesos (malonumo). Ši būsima būsena vadinama *Gmar tikun* – Galutiniu ištaisymu.

Šviesos įėjimas į indą. Žmonės skiriasi savo norų dydžiu. O dvasinės prievartos draudimas yra gana aiškus. Tyrinėdamas dvasinių indų savybes, žmogus (materialus indas) sukelia savyje norą būti panašus į juos. Kadangi dvasiniame pasaulyje noras yra veiksmas, tai laipsniškai besikeisdami leidžiame Šviesai įeiti į savo indus. O šviesa, įėjusi į indą, tyrina ją, nes jos savybė – „duoti". Šviesa šia savo savybe palaipsniui keičia indo savybę.

Pirmasis susitraukimas (*Cimcum alef*) – draudimas, įžadas, padarytas pirmojo bendrojo dvasinio indo, vos jam atsiradus. Įžado esmė ta, kad nors Kūrėjo noras yra suteikti indui malonumą, indas įsivedė sąlygą mėgautis ne dėl savęs, o tik dėl Kūrėjo.

Taip pasikeitė tik mintis, o ne pats veiksmas. Indas gauna šviesą ne todėl, kad jis to nori, o todėl, kad to nori Kūrėjas. Tad ir mūsų tikslas yra pasiekti tokį malonumo troškimą – norėti jausti malonumą dėl to, kad šito nori Kūrėjas.

Pojūtis, jautimas – savybė reaguoti į Šviesą ar jos nebuvimą, net į be galo mažas jos porcijas. Iš esmės visą mūsų gyvenimą sudaro tik įvairiausių pojūčių seka. Paprastai mums nesvarbu, kuo mėgautis, tačiau nejausdami malonumo negalime gyventi. Pripažinimas ir šlovė suteikia vien tik pojūtį, bet malonumas mums toks svarbus!

Mūsų būsena visuomet priklauso tiktai nuo nuotaikos ir subjektyvaus supančio pasaulio suvokimo, pasaulio būsena neturi reikšmės. Visi mūsų pojūčiai nėra mūsų vidinio gyvenimo ir aplinkos įtakos produktas. Jų šaltinis yra pats Kūrėjas, nes kiekvienas pojūtis – tai Šviesa arba jos nebuvimas.

Mes jaučiame arba save, arba Kūrėją, arba ir vieną, ir kitą priklausomai nuo dvasinės būsenos. Jausdami vien save, galime tik tikėti, jog Kūrėjas yra ir mus veikia. Tai, kad suvokiame save kaip nepriklausomus kūrinius ir netgi tikime, jog egzistuojame tik mes, yra mūsų dvasinio atsiskyrimo nuo Kūrėjo, nutolimo nuo Jo rezultatas.

Ketinimas *(kavana)* – tai, kas svarbiausia kiekviename žmogaus veiksme, nes dvasiniame pasaulyje mintis yra veiksmas. Taip yra net ir mūsų materialiame veiksmų pasaulyje: vienas smeigia peilį į kitą norėdamas sužaloti ir yra baudžiamas, o kitas naudoja peilį siekdamas išgydyti (tarkim, chirurgas) ir gauna atlygį.

Jei būtų daromas nuosprendis pagal absoliučius dvasinių pasaulių įstatymus, tai bausmė (dvasinė) turėtų lydėti kiekvieną blogą žmogaus mintį... Taip iš tikrųjų ir vyksta dvasiniame pasaulyje.

Mūsų nuotaika, savijauta irgi priklauso tik nuo minčių kryptingumo, o ne nuo darbo sunkumo ar pobūdžio, materialios padėties. Svarbu tai, jog mes valdome vien savo fizinius veiksmus, o jausmus galime pakeisti tik per dvasinį pasaulį.

Todėl tokia reikšminga yra malda – iš esmės tai bet koks kreipimasis, net be žodžių, vien širdimi, į visa ko egzistuojančio Šaltinį – Kūrėją, kuriam visi kūriniai yra lygūs ir Jo laukiami.

XIV

Dažnai užduodami klausimai

Apie ką kalba kabala?

Nuo pat pradžių žmonija kelia esminius klausimus apie savo egzistavimą: „Kas aš esu? Koks mano gyvenimo tikslas? Kodėl egzistuoja pasaulis? Ar gyvename po mirties?"

Kiekvienas žmogus stengiasi atsakyti į šiuos klausimus iš jam prieinamų informacijos šaltinių. Kiekvienas formuoja savąjį požiūrį į pasaulį remdamasis tuo, kas jam atrodo patikima.

Gyvenimo prasmės klausimas kasdienes kančias nuspalvina globalesniu nepasitenkinimu: „O kam aš kenčiu?" Šis klausimas neleidžia mums jaustis patenkintiems, net jeigu mūsų vienadieniai troškimai laikinai užpildomi.

Net ir pasiekę tikslą, netrukus pajuntame nepasitenkinimą. Žvelgdami atgal matome, kiek laiko prireikė trokštamam tikslui pasiekti ir kokį menką malonumą tepatyrėme.

Kadangi atsakymų į minėtus klausimus žmonės nesulaukė, tai jų siekiai virto senoviniais tikėjimais. Meditacija, fiziniai ir psichologiniai pratimai padeda mums pasijusti patogiau, bet tai tėra bandymas pamiršti save, kadangi mūsų norai lieka nepatenkinti, o gyvenimo prasmė sunkiai suprantama. Visi šie metodai nuramina mus ne todėl, kad paaiškina gyvenimo tikslą ir kančių prasmę, o todėl, kad sumažina mūsų poreikius.

Tačiau greitai mes pastebėsime, kad tiesos negalima vengti. Žmonija be perstojo ieško logiškos egzistavimo priežasties, tūkstantmečius tyrinėja gamtos dėsnius.

Šiuolaikiniai mokslininkai suvokia, kad kuo pažangesni jų tyrimai, tuo miglotesnis ir painesnis tampa pasaulio vaizdas. Šiuolaikinio mokslo knygos primena misticizmo ir mokslinės fantastikos derinį, tačiau nepateikia atsakymų į klausimą apie gyvenimo prasmę.

Kabalos mokslas siūlo savąjį pasaulio tyrinėjimo metodą, kuris padeda mums išugdyti gebėjimą jausti paslėptąją visatos dalį. Kabalistai pasakoja mums apie techniką, grįstą jų asmenine patirtimi. Savo knygose jie moko visatos tyrinėjimo metodo ir atskleidžia, kaip gauti atsakymą į gyvenimo prasmės klausimą.

Kodėl kabala vadinama „slaptuoju mokslu"?

Kabala yra pats artimiausias žmogui mokslas, kadangi jis kalba apie gyvenimo tikslą, apie mūsų atsiradimo ir gyvenimo šiame pasaulyje priežastį. Kabala paaiškina gyvenimo prasmę, iš kur mes atėjome, kur einame ir kur pateksime, kai užbaigsime buvimo žemėje laiką.

Kabalistai dar gyvendami šiame pasaulyje gauna atsakymus į šiuos klausimus. Kabalos studijos suteikia žinių apie dvasinius pasaulius ir drauge išvysto papildomą, šeštąjį jutimo organą, kuris suvokia supančią tikrovę. Būtent su šia jusle žmogus jaučia paslėptą visatos dalį.

Suvokiama, bet paprastai paslėpta visatos dalis atsako į visus klausimus apie mus. Mums nėra nieko artimesnio ir svarbesnio už šį žinojimą, nes mokomės apie save pačius, apie pasaulį, kuriame gyvename, ir apie savo likimą.

Visa, ką sužinome apie save ir pasaulį, atskleidžiame patys, savyje. Visa tai vyksta, nors mūsų jausmai ir besiplečiantis žinojimas yra paslėpti nuo kitų žmonių, štai kodėl kabala vadinama „slaptuoju mokslu".

Kas yra kabalistas?

Kabalistas iš pažiūros yra toks pat žmogus, kaip ir visi. Jis neturi būti protingas ar išsilavinęs. Jo išvaizdoje nėra nieko neįprasto. Kabalistas yra paprastas žmogus, kuris studijuodamas kabalą įgijo „šeštąjį jutimo organą", pajautė paslėptąją pasaulio dalį. Paprastiems žmonėms ji neprieinama ir yra vadinama „dvasiniu pasauliu".

Kabalistas šiuo naujuoju organu gali suvokti visą visatą, tuo pat metu jausdamas mūsų pasaulį ir dvasinį pasaulį kaip apčiuopiamą tikrovę – taip pat realiai, kaip kad dabar suvokiame gyvenimą.

Kabalistas jaučia Aukštesniuosius pasaulius ir tiesiogiai juos pasiekia. „Aukštesniaisiais pasauliais" vadinama dėl to, kad jie egzistuoja anapus mūsų įprastinio suvokimo. Kabalistai mato, kad viskas nusileidžia iš Aukštesniųjų pasaulių ir atsiskleidžia mūsiškiame. Jiems aiškios visos priežastys ir pasekmės, nes jie vienu metu egzistuoja Aukštesniajame ir šiame pasauliuose.

Paprastas žmogus suvokia tik menką visos supančios tikrovės detalę ir įvardija ją „mūsų pasauliu". O kabalistas suvokia visą visatos vaizdą.

Savo žinias kabalistai perteikia knygose, parašytose ypatinga kalba. Todėl žmogus gali studijuoti šias knygas tik vadovaujamas kabalisto ir naudodamasis tam tikru metodu. Tokiu atveju šios knygos tampa priemone tikrajai realybei suvokti.

Kodėl svarbu studijuoti kabalą?

Kiekvienas žmogus turi galimybę išvystyti šeštąjį jutimo organą. Kabalistai rašo knygas suvokdami Aukštesniuosius pasaulius ir tiesiogiai jų veikiami. Skaitydamas šias knygas, žmogus pritraukia sau „supančiąją Šviesą", netgi nesuprasdamas visko, kas ten parašyta.

Studijuodami pritraukiame Šviesą ir ji laipsniškai atskleidžia mums visą tikrovės paveikslą. Šeštoji, dvasinė juslė, kuria galime suvokti ištisą visatą, snaudžia kiekviename iš mūsų. Ji vadinama „tašku širdyje". Ir tik supančioji Šviesa gali jį užpildyti. Šviesa vadinama „supančiąja", nes ji supa šeštąjį jutimo organą tol, kol dar negali jo užpildyti.

Šis taškas, šeštojo organo užuomazga, „plečiasi" ir įgyja pakankamą „dydį", kad priimtų supančiąją Šviesą į vidų. Šviesos įėjimas į tašką širdyje sukuria pirmąjį dvasinio pasaulio, dieviškumo, anapusybės pojūtį. Kai Šviesa įeina į tašką, aiškiau ir išsamiau suvokiame Aukštesniuosius pasaulius, matome savo praeitį ir ateitį.

„Įvade į Mokymą apie dešimt *sfirot*", 155 punkte rašoma: „Kodėl kabalistai kiekvieną įpareigoja studijuoti kabalą? Taip yra dėl to, kad studijuojantys kabalą žmonės, net jeigu ir nesupranta, ką mokosi, savo noru suprasti pažadina sau Šviesą, kuri supa jų sielas. Tai reiškia, kad kiekvienam žmogui garantuota galimybė pasiekti viską, ką Kūrėjas numatė Kūrimo sumanyme. Kas nepasiekė to šiame gyvenime, pasieks viename kitų gyvenimų. Tol, kol žmogus nesugeba priimti Šviesos į vidų, ji šviečia iš išorės ir laukia, kada žmogus sukurs tinkamą jai suvokti juslę."

Kai studijuojame kabalą, supančioji Šviesa tučtuojau šviečia mums neįsivilkdama į mūsų sielas, kadangi šeštasis organas dar nėra išvystytas. Nepaisant to, Šviesa, kurią gauname kaskart studijuodami, grynina mus ir pritaiko, kad galėtume priimti Šviesą į vidų. Šviesos gavimas suteikia absoliutų žinojimą, ramybę ir nemirtingumo pojūtį.

Kaip atskleidžiama kabalistinė informacija?

Kabalistai savo žinias apie Aukštesnįjį pasaulį perduoda ir žodžiu, ir raštu. Kabala atsirado Mesopotamijoje XVIII a. pr. m. e. Sukauptos žinios buvo perduotos knygoje „Sukūrimo knyga" (*Sefer Jecira*), kuri priskiriama Abraomui. Šią knygą ir šiandien galima rasti knygynuose.

Kiekvienoje kartoje kabalistai rašė knygas tos kartos sieloms. Per šimtmečius kabaloje buvo naudotasi keliomis kalbomis. Taip yra dėl to, kad žmogaus siela vystosi palaipsniui. Iš kartos į kartą vis grubesnės sielos grįžta į šį pasaulį su ankstesniųjų gyvenimų patirtimi. Jos atsineša papildomą kančių naštą, bet sykiu ir dvasinį „bagažą". Nors žmogui ši informacija ir neprieinama, ji yra paslėpta jo taške širdyje.

Todėl norint suprasti kabalą kiekvienai kartai reikia savos kalbos, pritaikytos nusileidžiančioms sieloms. Žmonijos vystymasis – tai sielų nusileidimas į šį pasaulį.

Kadangi jos nusileidžia ir pasireiškia naujuose kiekvienos kartos kūnuose, tai tos pačios sielos vystosi, suvokia būtinybę dvasiškai tobulėti ir pasiekti dieviškąjį žinojimą, amžinybę bei tobulumą.

Kiek laiko reikia dvasiniam pasauliui pajausti?

„Įvade į Mokymą apie dešimt *sfirot*" parašyta, kad žmogus, kuris studijuoja iš autentiškų šaltinių, gali įeiti į dvasinį pasaulį per tris penkis metus. Kitaip tariant, jeigu žmogus studijuoja su teisingu ketinimu, jis kerta barjerą tarp šio ir dvasinio pasaulio ir gauna Aukštesniąją Šviesą.

Kitos Michaelio Laitmano knygos lietuvių kalba

Raktas į kabalą. Klausimai ir atsakymai
Šiame informatyviame leidinyje kabala nušviečiama ypač aiškiai ir paprastai. Klausimų įvairumas bei atsakymų gilumas įkvėps apmąstymams ir naujiems atradimams. Sulig kiekvienu puslapiu skaitytojas pajaus, kaip plečiasi jo suvokimas. „Raktas į kabalą" veda skaitytoją iš praeities į ateitį, atskleisdamas būsenas, kurias anksčiau ar vėliau patiria visi studijuojantys kabalą. Branginantiems kiekvieną gyvenimo akimirką autorius siūlo neįkainojamas beribio kabalos mokslo žinias.

Kabala be paslapčių. Laimingo gyvenimo vadovas paprastam žmogui
Ši knyga – aiškus, suprantamas vadovas supančiam pasauliui pažinti, kartu įgyjant vidinę ramybę. Kiekvienas iš šešių knygos skyrių skirtas nagrinėti skirtingiems kabalos aspektams, naujai pristatant šį seną mokymą, kuris taip dažnai buvo apipinamas mistika ir klaidingomis nuostatomis.

Pirmuosiuose trijuose šios knygos skyriuose skaitytojui paaiškinama, kodėl pasaulis šiandien išgyvena krizę, parodoma, kaip mūsų augantys norai skatina progresą bei susvetimėjimą, ir kodėl svarbiausias teigiamų pokyčių stabdis slypi mūsų pačių sielose.

Kiti skyriai siūlo, kaip išnaudoti teigiamus pokyčius. Juose sužinome, kaip patys, pasitelkdami savo vidines jėgas, galime susikurti saugų, esantį darnoje su visa kūrinija gyvenimą.

„Kabala be paslapčių" skirta tiems, kurie siekia esminių pokyčių asmeniniu, visuomeniniu ir pasauliniu mastu.

Kas yra kabala?

Daug kas girdėjo, kad kabala yra slaptasis mokslas. Būtent uždarumas, paslapties šydas davė pretekstą apie ją sukurti daugybę legendų, falsifikacijų, profanacijų, gandų, nemokšiškų svarstymų bei išvadų. Tik XX amžiaus pabaigoje kabalos mokslas ėmė sklisti pasaulyje. Knygelės autorius nori sugriauti per šimtmečius susiformavusius mitus apie senąjį ir šiuolaikinį kabalos mokslą, skirtą visiems žmonėms.

Slaptoji Biblijos prasmė

Kai studijuojame Torą (Penkiaknygę, Bibliją), privalome suvokti pagrindinę taisyklę: visi Toroje ir kitose šventosiose knygose parašyti žodžiai – ne mūsų pasaulio objektai. Jie simbolizuoja dvasinius objektus ir šaknis, kurie neturi nieko bendro su mūsų pasauliu. Niekad neturime susipainioti!

Biblija aiškina aukštesniojo pasaulio gimimą, jo sandarą ir raidos planą, o paskui Žmogaus sukūrimo procesą. Tačiau tai ne mūsų pasaulio žmogus. Tora kalba apie noro gauti malonumą (vadinamą siela arba Adomu) sukūrimą siekiant užpildyti šį norą (kūrinį, sielą) amžinu absoliučiu malonumu.

Dvasia ir kūnas

Naujos žmogaus savybės gimsta panašiai kaip žmogaus kūnas: iš pradžių atsiranda atitinkamos ląstelės tėvo ir motinos organizme, paskui kartu susilieja. Ima vystytis naujas organizmas, visiškai savęs neįsisąmoninantis – kaip dar neįsisąmoninta mintis. Po to palaipsniui tas naujas darinys vis labiau jaučia save, atsiskiria nuo savo pirminių priežasčių, įgyja savimonę. Viena susieta su kitu: kiek išsilaisvinama iš gimdytojų valdžios, tiek įgyjama savarankiškumo. Ir atvirkščiai. Gimimas – valdžios pakeitimas. Dvasinis gimimas yra savo valdžios pakeitimas į Kūrėjo valdžią: žmogus geranoriškai paklūsta Kūrėjo valiai, nori eiti nepaisydamas savo proto, vadovaudamasis aukštesnės dvasinės pakopos išmintimi.

Apie „Bnei Baruch"

„Bnei Baruch" – tai pelno nesiekianti grupė, kuri skleidžia žinias apie kabalą, kad paspartintų dvasinį žmonijos vystymąsi. Kabalistas, mokslų daktaras Michaelis Laitmanas, buvęs Barucho Ašlago (Jehudžio Ašlago, *Sulam* komentarų knygai *Zohar* autoriaus, sūnus) mokiniu ir asmeniniu padėjėju, seka savo mokytojo pėdomis vesdamas šią grupę.

Kabalisto M. Laitmano mokslinė metodika suteikia aiškias priemones, reikalingas veiksmingai eiti savęs atradimo, dvasinio pakilimo keliu. Šis kelias tinka visų tikėjimų, religijų bei kultūrų žmonėms ir susitelkia į vidinius procesus, kuriuos kiekvienas žmogus praeina savo tempu. „Bnei Baruch" kviečia įvairiausio amžiaus, gyvensenos žmones įsitraukti į šį praturtinantį procesą.

Pastaraisiais metais platūs visuomenės sluoksniai ieško atsakymų į gyvenimo klausimus. Visuomenė prarado galimybę matyti tikrovę, kokia ji yra iš tiesų, susiformavo įvairūs paviršutiniški požiūriai ir nuomonės.

Grupė „Bnei Baruch" kreipiasi į tuos, kurie siekia žinoti daugiau nei standartinis požiūris į tikrovę, ir siūlo praktinį bei patikimą metodą šio pasaulio reiškiniams suprasti. Jis ne tik leidžia pereiti kliūtis, sunkius išmėginimus kasdieniame gyvenime, bet ir pradeda procesą, kurio metu žmogus peržengia įprastas šiandienos pasaulio kliūtis bei suvaržymus.

Kabalistas Jehudis Ašlagas sukūrė šį studijavimo metodą mūsų kartai; jis „treniruoja" mus, kaip elgtis tartum jau būtume pasiekę Aukštesniųjų pasaulių tobulumą čia, šiame pasaulyje. Anot jo: „Šis metodas – tai praktinis būdas Aukštesniajam pasauliui, mūsų egzistencijos šaltiniui suvokti vis dar gyvenant šiame pasaulyje. Kabalistas – tai tyrinėtojas, tiriantis savo prigimtį laiko patikrintais, tiksliais metodais. Taikydamas šį metodą žmogus įgyja tobulumą ir ima valdyti savo likimą. Taip žmogus suvokią tikrąjį gyvenimo tikslą. Kaip žmogus negali egzistuoti šiame pasaulyje, neturėdamas žinių apie jį, taip ir žmogaus siela negali tinkamai veikti Aukštesniajame pasaulyje nieko apie jį nežinodama. Kabalos išmintis suteikia šį žinojimą."

Tikslingos studijos leidžia žmogui šį žinojimą pritaikyti asmeniškai ir bendrai, idant sustiprintų ir toliau vystytų žmonijos bei viso pasaulio dvasingumą.

Daugiau informacijos galima rasti interneto svetainėse *www.kabbalah.info* ir *www.kabbalahbooks.info*.